汉·译·管·理·学·世·界·名·著·丛·书

第三辑

The Consumer... or Else!
Consumer-Centric Business Paradigms

Camille P. Schuster, Donald F.Dufek

核　心

以顾客为中心的企业范式

[美] 卡米尔·P.舒斯特　唐纳德·F.达范克　著

杨　洁　译

经济管理出版社
ECONOMY & MANAGEMENT PUBLISHING HOUSE

北京市版权局著作权合同登记：图字：01—2004—2288号

图书在版编目（CIP）数据

核心：以顾客为中心的企业范式/(美)舒斯特，(美)达范克著；杨洁译.—北京：经济管理出版社，2011.5
ISBN 978-7-5096-1450-1

Ⅰ.①核… Ⅱ.①舒… ②达… ③杨… Ⅲ.①企业管理：销售管理 Ⅳ.①F274

中国版本图书馆CIP数据核字(2011)第090254号

出版发行：**经济管理出版社**
北京市海淀区北蜂窝8号中雅大厦11层
电话：(010)51915602　邮编：100038

印刷：三河市海波印务有限公司　经销：新华书店

责任编辑：骆　珊　技术编辑：晓　成
责任校对：赤　平

787mm×1092mm/16　12.25印张　148千字
2011年8月第2版　2011年8月第1次印刷

定价：28.00元
书号：ISBN 978-7-5096-1450-1

卡米尔·P. 舒斯特博士

唐纳德·F. 达范克

核心：以顾客为中心的企业范式

正式出版前的有关评论、评述与评价……

"本书具有很高的可读性，其中引用了大量实例，覆盖了人口统计学、全球化、技术以及企业内部商务流程。舒斯特和达范克提出了一个深刻而具有划时代意义的观点：21 世纪，为什么以顾客为中心的企业范式是企业生存和发展的关键。我尤其青睐书中的最后两章：《常见问题》和《成功案例》，其中的观点独到而深刻。"

杰迪什·N. 森斯博士

查尔斯·H. 凯尔斯坦

佐治亚州亚特兰大艾默瑞大学格祖塔商学院营销学教授

"很少有书籍能像舒斯特和达范克这样有效地道出商务成功之路的要诀。作者将理论与商业实践相结合，以栩栩如生、通俗易懂的方式阐述了为什么'顾客是上帝'这一现实。在技术与信息支配的社会里，人们很容易臆断管理层的领导能力是确保企业成功的充分条件。作者列举了详实而有力的实例，使读者了解顾客的消费动机以及如何通过运作优势来满足消费者的期望。本书是直接面对消费者的企业管理人士的必读书。"

唐纳德·J. 鲍尔桑克斯博士
约翰·H. 麦克耐尔
密歇根州立大学研究生院管理系教授

“新型思维模式中的消费者从第一次消费便成为了永久的回头客。要想以顾客的满意度为工作重点，赢得当前的消费者并使他们成为将来永久的回头客，便需要运用技术、迅捷、良好的沟通等手段。当商品卖给消费者或当消费者购买商品后，消费者不再有任何疑问，这样企业就满足了消费者的需求！舒斯特和达范克为在新的商业环境里寻找成功之路的企业提供了独特的观察和思考角度。”

约翰·F. 迪克斯，科学学士

商业发展指导有限公司总裁及创始人，俄亥俄州立大学费舍尔商学院卓越制造业管理中心执行董事

“舒斯特和达范克以一幅动人的画面，向读者展现了当代社会以消费者为动力的市场，以及成功企业的生存之道——采取合作式的商业方式，为消费者提供超值产品与服务为工作重点的新型商业流程。”

拉尔夫·W. 德瑞尔
宝洁公司前任首席物流部长官

谨以本书献给那些勇于质疑现状、敢于开拓新思路、擅长人际沟通并能说服他人尝试新的方式方法、胸怀大志并梦想成为领导者的梦想家们。这条道路崎岖而坎坷，没有人能够预料成功与失败，也没有跟随者。这些梦想家们挑战现实的勇气、坚持到底的毅力以及开辟新思路的创造力使我们跨入了一个以顾客为中心的商业环境，并引领着我们走向未来。

作者介绍

卡米尔·P. 舒斯特博士是泽维尔大学市场营销产业教授。1996年，舒斯特博士开始着手研究高效消费者响应（ECR）开发活动，并且与唐纳德·F. 达范克合作，一同将这个项目与大学的MBA课程进行了有机整合。项目最初侧重于将高效消费者响应（ECR）实践活动与必备战略思维过程相结合，从而指导机构实体取得成功。此外，舒斯特博士曾就这个论题向日本食品行业的业界人士发表演讲，并且对他们的实践运作进行指导研究。他曾在澳大利亚为一个咨询顾问团举办了一场关于高效消费者响应（ECR）的论坛讲座。舒斯特博士的论文曾在许多学术期刊杂志上发表，如《国际顾客关系管理》、《公共事务期刊》、《国际营销期刊》、《全球营销期刊》、《个人推销和销售管理期刊》以及其他刊物等。她与宝洁公司的迈克尔·科普兰合著出版了一本书（《全球商务：销售与谈判策划》），这本书在全世界的商业及学术界得到了一致好评。舒斯特博士还是全球评价委员会（Global Scorecard Committee）的成员之一，并且在许多学术性会议中就这个专题进行过演讲。其中一篇被选编入由康涅狄格大学的苏巴什·杰恩博士主编的《国际营销研究前沿》一书。

唐纳德·F. 达范克曾经担任克罗杰公司副总裁及副主席。达范克先生曾出席1993年的食品日用百货和包装品行业的行业协会的首次会议，并就行业现状、竞争形势以及行业危机进行讨论。达范克和宝洁公司的客户业务开发副总裁拉尔夫·德雷尔，共同担任监事行为委员会（The Best Practice Committee）联合主席，负责向行业内的公司发布联合产业协会（Joint Industry Council）的有关研究发现及知识信息。在他们二人的就任期间，行业发展进入了供给链改革创新阶段，也就是人们所说的高效消费者响应（ECR）这一科学流程，他们编辑了四十多本有关于此的介绍性书籍。高效消费者响应（ECR）行为的目标就是尽可能地以有效的方式，通过发展无纸化信息传输、连续化物流以及有效的现金流转将消费价值最大化。达范克先生退休以后，曾被国内日用杂货、食品、包装产品、保健品、五金行业的各大公司、展会，以及世界各地（如：比利时、西班牙、巴西、澳大利亚、芬兰、智利、阿根廷、墨西哥和日本）的行业协会主办的展销会邀请进行有关演讲。达范克先生是泽维尔大学的驻校行政领导，负责将改革创新与商学院的课程相结合；他还担任密歇根州立大学顾问委员会委员，协助完善有关食品供应行业的综合课程；并且他还是宾西法尼亚州立大学农学院的特约讲师；同时，他还在俄亥俄州立大学和泽维尔大学教授 MBA 课程。达范克带给各个行业协会和机构的主要观念之一便是，高效消费者响应（ECR）不仅仅是一个项目或实体，而且在企业战略实施的主要环节中，还是围绕新的商业流程的一系列启动工具。

致 谢

本书的出版得到了各界人士的大量支持与帮助。大约有三百五十多名商业界人士加入了高效消费者响应（ECR）执行委员会、监事行为委员会（The Best Practice Committee）、全球商务促进委员会（Global Commerce Initiative）的早期活动。更多的人参与了全世界各行各业的合作经营。这些人的努力和经验教训为本书提供了坚实而有力的基础。他们的兴衰荣辱、试飞导航为我们所有人指引着方向。

泽维尔大学给予了本书大量支持。泽维尔大学和亚利桑那州立大学——东校区的学生将自己的见解与各行业的工作经验相结合，指导研究，并在课堂上互相分享自己的心得体会。哈渥斯出版社的全体员工也为了使本书以新颖的面貌对商业现状做出挑战付出了艰辛的劳动。

在此，我们向所有为本书做出贡献和努力的人士致以深切的谢意。

前　言

大多数人乍一听“以顾客为中心的企业范式”，也许会不以为然。但是当我们开始了解它的真正内涵时，就会明白它对我们日常生活的影响。购买者/销售者的地位在不断变化。当消费者不失时机地利用展现在面前的机会时，当供应商提供给消费者应用的工具时，消费者就开始主宰了交易。这是一本集趣味与实例于一体的书籍，它向我们展现了相关的商业背景并描述了消费者是如何转变成为商业统治者的过程。

《核心：以顾客为中心的企业范式》一书点出了全球市场变化必然趋势的玄机。作者首先剖析了近年来全球市场发生的惊天动地的变化，然后阐明了产业的选择范围、销售渠道、产品及服务的付款方式等状况，帮助了消费者了解产品供应情况、质量及价格的相关信息。通过大量的实例，本书阐明了这种变化不是简单的“食品杂货店式的来电订购概念”，而是一项巨大的产品和服务金字塔升级扩容能力。正如美国哈佛大学的凯瑟琳·李蒙所说（《市场管理研究——MMR》，2001年2月19日），受这种变化所影响的商家与消费者的数目至少是相同的。

零售商必须更清楚地了解他们的顾客，因为权力的天平已经倾向了消费者，他们的期望越来越高，而他们对挫折和失望的忍耐力越来越低。消费者正在改变着购物感受。

本书首先列举了一个以消费者为核心的早期的成功典范。沃尔玛与凯马特正好于1962年开张了各自的第一家零售店。山姆·沃尔顿的方法是通过不断地提高效率并且与沃尔玛·凯马特的顾客分享取得的成果从而提升产品价值。2000年，凯玛特的销售额为370亿美元，沃尔玛的销售额却为1678亿美元。沃尔顿和成功人士们通过坚强的信念、坚持不懈的努力取得了更高的效率，从而节约了成本，并且他们将自己的成果与消费者共同分享。在这个零售业的巨人腾飞的最初阶段，科技的确起了举足轻重的作用，但是另一个具有卓越贡献的角色却是早期就建立起来的以顾客为中心的模式，从而得到了广大顾客的认可与不断支持。

高效消费者响应（ECR）的出现逐渐成为向顾客提供更好的服务的方法途径。20世纪80年代和90年代早期的食品行业分化成为两大敌对阵营，供应商和批发商/零售商，他们中间的任何一方都不愿意为消费者的利益进行过多的合作。由于受到20年前通用产品识别代码（UPC）合作所取得成果的鼓励，ECR受到了所有相关行业协会的支持。当今时代，信念、合作和科学技术的应用所取得的成果，使得全球零售业顾客对产品种类、购买价格、购物地点以及购物形式的控制权越来越大。

沃尔玛和凯马特的例子是帮助我们理解当前向全球化市场发展过程的理论基础。随着互联网演变成为了一个便利的购物场所，许多行业的供应商都不断地发展自己在全球范围内合作式的货物供给方式。当传统市场清楚地认识到成功不能仅仅依靠店面便利的地理位置，开始从中受到启发有所收益时，沃尔玛已经成功地应用着网络技术，变革无处不在。正如本书作者所说的：

消费者需求的不仅仅是合理的价格。价格的确是一方面，但是它只是当今价值方程式的一部分。便利、地理位置、价格、质量和服务都是消费价值方程式的组成部分。

在全世界范围一切有发展潜力的基础上运作一个不受局限的、能够不断发展利用更多的原材料替代品的企业或其他机构组织，无论是作为零售商、批发商，还是作为生产厂家，其业务或服务都需要具有先进的科学技术、能够运用这些科技工具的人才，以及整合供给链的平衡进行交易的能力。本书的第三部分充分而详尽地论述了其中的关系，让读者了解这种整合能力是多么的重要。运用互联网是其中的步骤之一；另一步便是有效地整合供给链与消费者之间的链接。例如，在美国食品日杂和包装产品生意的30000个新的库存品种数目(SKUs)和2000家公司中，80%～90%营业不足18个月就惨遭淘汰，而且不断上升的成本成为了所有企业的共同难题。这些公司与企业不再仅仅满足于维持现状，他们更加期望的是能够“向前发展”。

Staples（译者注：美国的一家办公用品零售店）已经把战略重点转向了综合能力之上，正如提姆·汉拉汉于2003年5月2日在《欧洲华尔街日报》中所报道的：“消费者可以通过Staples的目录、零售店或网站进行购物……它们都有营销重点却又相互支持。”价格同样也可以化零为整，超过50美元的订单可以享受免费送货上门服务并且通过网络商店购买的产品可以退货。“由于其店面经过精简后将重点放在高利润率的产品上，所以作为前沿部队的Staples网站及时地发现短缺货品便显得举足轻重”。改革取得了令人满意的效果。“2002年1月2日年度末，年营业收入与2000年相比增长了30%，由2000年的89亿美元增长到了116亿美元”。

内部的整合必须与外部灵活地运用供给链的力度和广度相结合。如果正如作者所说的那样：“商业改革的过程是80%的人事变动和20%的科技变革”，那么不但是系统和软件，包括必须的合作意向都要以一种全新的思维方式来替代旧的问题解决模式。在鲍得斯集团(Borders Group)，汉拉汉描述道：“消费者的消费方式越来越倾向于在网上搜寻信息然后在商场购物”，或者是在商场搜寻信息而从网上购物。鲍得斯集团有能力向纽约的客户提供很好的服务，然而作为它的主要竞争对手，亚马逊网站（Amazon.com）可以更好地在全国范围内提供送货服务。“现在，当你点击进入鲍得斯网站(Borders.com)的时候，最终会进入亚马逊网站，并在亚马逊的网页上方看到鲍得斯集团的标识。”这便是确确实实为消费者服务并且努力维系顾客的忠实度，但同时又是保留各自的竞争空间的良好例证。鲍得斯集团为第一次前来购物的消费者提供了选择的空间。

在第三部分还详细讨论了所运用的工具、工具运用行之有效的流程以及与上述事例相似的合作实例等。如果你有兴趣成为以消费者为核心的新型商业环境中的一分子，那么在本书的第四部分，已经朝着这个方向迈进的12个企业的发展历程将激发和鼓励你朝着这个方向努力。也许大多数的公司永远都不会如作者所述那样，一直以消费者为核心，但是当各行各业同时面临着挑战与机遇的时候，这种范式的优点便会脱颖而出。

在斯蒂芬·A. 布朗所著的《柜台收银改革》一书的序言最后一段写道：

如果我们能够理解食品杂货行业的起源，并且不仅仅将自己的目光局限于狭隘的企业利益之上，发明既能够提高生产力又能促进行业内竞争的产品，那么我们在不久的将来就会成为行业典范了。这就是我的期望。

由美国食品杂货部门推动的首次重大合作不仅为整合过程提供了关键要素，而且还提供了一个如何为共同目标合作努力的典范。

大卫·詹金斯

序

如今的商业环境变得越来越喧嚣混杂。许多公司，如凯马特、安然公司（Enron）、美国世通公司（World Com）、弗莱明公司（Fleming）、联合公司（United）、凯登（Guidant）和戴那基集团（Dynegy）都纷纷卷入纷争、破产或者兼并重组之中。我们的重点应该放在何处——是放在行政执行总裁（CEO）的薪酬之上，还是放在政府的规章制度、全球范围的政治难题、费用削减、员工裁减之上，又或是放在顾客身上？所有的人都说“顾客是第一位的”。但是许多公司却往往是说起来一套，做起来一套。

本书的写作基于两个角度。一个角度是给企业的领导层拉响警报，警告他们旧的商业模式已经解体，要想生存就必须进行改革！另一个角度是向学术界证明变革的商务流程必须与对商学院学生的教育，尤其是MBA的教学课程相结合。

作者摒弃了应用过程中的繁章琐节，言简意赅阐述了自己的主张。我们所谈论的是改革商业流程——改革物流方式、信息流动方式和现金周转途径。这些过程从根本上改变了原料的货源、产品的生产方式、运输方法、买卖途径以及到达消费者手中的渠道等。

书中大量的篇幅涉及了食品行业。然而正如列举的实例所显示的那样，改革的主张却是与大多数行业紧密相关的，包括超级市场行业、食品行业、保健品行业、五金用品行业和食品服务行业。本书描述了为什么改革是必要的，改革需要做些什么，如何进行改革才能取得成功等。本书的作者足迹遍及二十多个国家，曾与世界各地的公司共同合作建立新的商业模式。

这些公司的竞争优势包括新的商业模式、流程的应用，对合作伙伴进行的新思维培训和教育，以及考核和针对新的行为规范实施的激励制度等。商业的生命周期正在变短，产品的生命周期也在迅速地收缩。消费者正在经受着新格局的不断轰击与考验。越来越多的公司发现投入越有力，打入市场的途径就越行之有效，并且带给消费者的价值也不断提高。

每一天都在发生着企业破产和商业失败。“固守旧的商业惯例”的公司注定要失败，那些拒绝接纳变革，拒绝为消费者提供额外附加值的公司也会在不久的将来销声匿迹。我们坚信那些顽固不化的公司……那些不愿意为价值增长努力的公司将无法生存！由此，我们为本书命名为《核心：以顾客为中心的企业范式》。

目　录

第三部分 整合商业流程

第四部分 现实世界中的应用

第一部分
基本原理

> “如果你还期待着像以前那样循规蹈矩地做生意，赶紧换换脑筋吧……曾经温顺的消费者已经觉醒，认识到他们所拥有的权力了。”
>
> ——《商业周刊在线》，2001年3月23日

有史以来供应商和经销商之间就免不了权利的纷争。直到最近，双方才醒悟到一个不争的事实，原来最后的决定权不在他们任何一方手中——只有消费者与权利同在！

消费者通过杂志、网站以及与朋友的交谈来发掘产品和服务的质量、价格、规格和特性。他们可以根据自己的意愿前往零售店，通过电话或传真订货，或从厂家、经纪人、中介、网络或经销商手上购物。消费者可以自己提货或要求送货上门。

如今消费者的信息来源比以往任何时候都广泛，因此，企业更需要了解和重视他们的期望。消费者不必再局限于方圆十几里的范围进行购物。如果消费者不满意服务和产品，他们可以选择另外的产品与渠道。

消费者拥有选择的权利并行使着这些权利。企业过去习惯于向消费者兜售。现在它们需要将自己重新定位以保留住有价值的客户。

本书的这一部分解释了为什么需要改变思维模式，消费者市场的细分又意味着什么，并且告诫商业活动已经蔓延渗透到全球的每一个角落。

第一章

时代变迁

“韦伯曾说，革命是‘一个突然的、根本的、彻底的改变……是一个基础的再定向。’

对于每一个商业界人士来说，这句话听起来颇有道理。我们每个人都感觉到身边环境的变化并不仅仅是时代的趋势，而是一股巨大而无规则力量的杰作：市场的全球化、信息技术和计算机网络的普及、19世纪中叶形成的等级制度的摒除等。”

——托马斯·斯图尔特《革命欢迎你》，1993年

本书的标题——《核心：以顾客为中心的企业范式》，栩栩如生、简单明了地描述了今天的商业现状——只有消费者拥有主宰当代市场的权利。那些对这一基本事实毫无察觉的供应商、经销商、制造商、零售商以及中间媒介注定了失败和无法生存！商务流程在变化——这种变化同时改变着产品的分配渠道、信息导向以及现金流通。只有那些意识到适时改变的公司才具有竞争的优势，而那些还无法适应这种新的商务流程的公司必将在不久的将来被淘汰！

公司不会无为而变。大幅度的结构重组、融资收购、廉价处理部分或全部商品、企业兼并、合并以及破产意味着正在发生着翻天覆地的变化。许多网络公司(Dot－com companies,译者注:许多公司的网站名以.com结尾,因此 .com公司意指网络公司）曾以闪电般的速度组建，接着产值以惊人的速度翻番，随后又闪电般地破产。公司开始廉价出售特定品牌的产品以使其商业行为流程化或把资金集中投入到某些发展机遇上。“传统型和虚拟型”公司相互兼并着。为什么会有如此大的动作？生存！

“过去的五年，在许多方面感觉就像经济衰退期一样。在力图提高生产力的同时，食品没有通货膨胀，我们也无法提升价格并且劳动力市场也极度匮乏。”

——埃德·可蒙，帝杰公司（译者注：美国著名的投资银行 Donaldson，Lufkin & Jenrette）副总裁，《现代食品商》，1999年3月

在当今的经济环境中企业运作和生存需要一个全新的思维模式。

谁又是这个全新运作流程的核心呢？消费者！消费者不但需要高品质、低价格的产品，他们还期望便利、快捷和售后服务。他们期望一系列高品质的供货服务。他们需要得到价值的同时受到尊重。公司在不断成长壮大的同时仍需要像在刚刚启动时一样运作，根据发展的速度提供特定的价值。全球化的市场意味着大量的消费者，然而这些消费者却希望得到个性化的服务，大众化市场已不复存在了。

> “消费者和市场不会容忍无效率，更不会容忍无效果。”
>
> ——丹尼尔·万戈曼，万戈曼饮食总裁高效消费者响应（ECR）执行委员会联合主席，《高效消费者响应（ECR）专题》，1997 年 5 月 12 日

从金融服务、食品杂货、医疗保健、五金器具到汽车工业，从事各行各业的公司都开始采用全新的商业流程并在市场上取得了成功。那些冷眼旁观的竞争对手却惨遭失败。试想，如果把运作这种全新的思维模式比作一条公路，大约 1/3 的公司驰骋在这条全新的高速公路上，飞速行驶着，享受着成功的快乐，在实践中追求完善，同时还要警惕撞车、障碍物和行驶在路上的其他参赛者。还有 1/3 的公司则处在进入公路入口的斜坡上。他们已经目睹到公路上行驶的成功者们，梦想成为其中的一分子，并开始朝着这个方向迈出了第一步，努力驶入这条新的高速公路中去。在汇入这条高速公路并驶入快行道之前，首要前提是要达到起码的速度要求。剩余的 1/3 的公司只是这一全新运作模式的旁观者，他们无法确定自己能否在这一全新道路上成功，也没有意识到变革的需要，更没有修正自己的商业流程，他们将永远落在后面，迷失在穷乡僻壤的乡间小路之中。

行驶在这条全新的高速公路上的公司贯彻以消费者为核心的商业流程，以实践证明了这条路线的正确性，他们发展竞争合作战略战策，在行驶中一直遥遥领先，把那些还在路口犹豫不决和拒绝同行的公司远远地甩在了身后。他们将成为成功者和幸存者！

本书封面和每一章的篇头模型图描绘了那些成功企业中以消费者为核心的思维模式。行业的参与者们（供应商、零售商以及中间媒介）通过技术在内部商业流程中互相配合，在商业活动、流程和操作

程序中通力合作，从而创造了高效的供给链和消费者价值。同时企业永远坚持以消费者的需求为重点，新的商业思维模式需要在企业内部运作和外部的合作经营中以消费者的需求和需要为核心。这对于企业的运作来说确实是一种彻底转变。

本书的目的是要检验这种新方向的正确性，并且为在以消费者为中心的商业领域取得成功提供建议。书中的一至三章描述了形成当前商业环境的主要因素、消费者的再定位、全球远景等。四至六章从供应商、中间媒介、零售商，以及创造更高效率的供给链和更有效地满足需求的商业流程等角度来衡量以消费者为中心的范式。七至九章着重于执行这种新的范式过程中有关技术、企业内部商业流程和相互协作所需要的一系列工具。最后两章提供了一些成功的实例和一些常见问题的解决方案等。

现代市场形成因素

这一部分描述了促使企业驶入这条新型高速公路的一些因素。其中必定有一些迫不得已的原因或者共同的敌人迫使这些企业另辟他径。那么，它们究竟为什么要进行变革呢？

交替格局

在过去的五十年里，在商店进行购物或与销售员面对面地签署合同已经不再是消费者的惟一选择。随着信用卡的发明，购物单，银行转账，1－800 信息咨询台，邮件、传真及互联网订货已相当普及。因此，消费者不用再面对销售员，足不出户就可以轻松购物。地理位置不再是一个主要的商业障碍或优势。商家的宗旨已不再是“如何使消费者前来购物？”而是“如何使货物送达到消费者的手中？”

技术

产品目录、公司在国际互联网上设立的网页、宣传册以及中间媒介使消费者轻而易举就可以得到产品的对比信息，消费者无需挨家挨户奔走，足不出户就可以收集到信息。近十年以来，计算机在家庭、办公室、中小学以及大学迅速得到普及。尼尔森/网络测定报告指出，全世界已有4.29亿人上网。[1]大约1/4的欧洲家庭、1/3的亚太地区家庭以及一半的美国家庭已经接入互联网。在欧洲和亚太地区，拥有个人电脑的家庭还在以惊人的速度增长，而且其中绝大多数已上网。这一趋势将导致在不久的将来，互联网的使用不再是美国独占鳌头，英语也可能不再是互联网的主导性语言。

随着大约30%的美国员工走出办公室，消费者对便携式设备的需求达到了惊人的高度。手机、传呼机、网络设备、个人数字化助手在近几年内均以两位数的速度增长。诺基亚、Yankee Group 和雷曼兄弟（Lehman Brothers）指出，2002年全世界的手机用户将达到4.2亿～4.5亿户。[2]手机用户的增长使人们在移动中仍能保持联系。消费者不再局限于某个特定的地点，同时也给销售渠道带来了挑战；当地的零售商要面对更多更广的竞争对手，而且消费者可以随时与工作和家庭保持联系。

如果地理位置已不再成为障碍，那么企业无论大小，全球商务的可能性已成为现实。面对仅占世界5%人口和发展缓慢的美国国内市场，美国公司已经注意到其他国家的发展潜力。而人口比例更小的其他国家中的企业却视美国为一个诱人的市场。通过电子连接，企业可以方便地进行库存管理和采购。连接打破了地域的阻碍。

> “据报告显示，美国超市营业额中每四美元有一美元落入外资企业，通常是欧洲连锁店的口袋之中。”
>
> ——崔西·木林，全国零售联盟执行总裁，《连锁商店时代》，2000年10月

变化的人口状况

发达国家人口年龄的增长使人们更加关注健康的生活——营养、维他命、交替疗法和减肥等。随着职业妇女人数、有组织的儿童公益活动的增多，以及人们对再教育的重视，消费者越来越强调时间的重要性。他们反复强调："不要浪费我的时间！"

> "五名女性中就有三名为职业妇女。"
>
> ——威拉德·N. 安德，《零售行业新领域》（Retailing' s New Frontier），1998 年 12 月

随着需求的日益增长，消费者对产品质量和服务的期望也在不断提高，他们期望个人的需求得到满足，并且得到合理的价格以及及时的送货服务。[3]他们既需要合理的价格同时也要求得到个性化的服务。消费者拥有多种多样的选择，他们通过自己的钱包来决定。那些意识到这种趋势并做出相应变革以提供消费者需求产品的企业将最终得以生存。

> "零售商必须更透彻地了解他们的消费者，因为主宰供需平衡的生杀大权已经转移到消费者的手中，他们的期望越来越高，对于挫折和失望的忍耐性却越来越低。消费者正在改变着购物感受。"
>
> ——凯瑟琳·李蒙，哈佛大学，《市场管理研究（MMR）》，2001 年 2 月 19 日

企业对策

如果一个公司决意不做丝毫改变，也不愿意驶入这条新型的高速公路之上，那么其他的公司就会满足消费者的需求，并且把它的生意抢走。1976～2000 年，食品杂货行业中的"美味共享"发生了惊天动地的变化（见表 1.1）。2001 年人们每周用于食品杂货的开销为 91

美元，略微低于1996年的92美元。此外，由于食品杂货行业忽略了顾客的消费趋势的转变，使得食品服务业从食品杂货业抢走了数十亿美元的营业额。[4]例如，波士顿市场在建业初期取得了显著的成果。波士顿市场提供家庭烹饪食品，使消费者可以买到不但营养丰富，而且只需稍许加工便可食用的传统食物。结果，光顾波士顿市场的顾客络绎不绝，其他一些销售熟食的营业点也相当红火，而食品杂货店却冷冷清清。"行业杀手"店，例如，波士顿市场（Boston Market）、药物大百货（Drug Emporium）及宠物斯马特（PETs MART），以其特有的产品和服务成功地迎合了顾客的品位，从而适应了消费者的生活方式和需求变化的要求。有预测显示，到2010年人们用于购买新型食品的费用将达到1230亿美元，食品服务业将吸引其中的62%，而零售食品经销商只能抓住这种新的消费增长的38%。[5]

> "仅仅在三年前，波士顿市场（Boston Market）和肯尼·罗杰斯烘烤店（Rogers Roasters）还分别排名第一和第二。在后面的第十一章中均有记载。"
>
> ——《外卖业》(Take Out Business)，1998年11月15日

表1.1 美食共享

	1976年（%）	1986年（%）	2000年（%）
食品服务	38	43	50
食品杂货	62	57	50

资料来源：阿尔瓦·玛瑞琳（2001）：《食品杂货店迎合口味的变化》，《投资者商业日报》（10月15日），A14页；道宾·本（1996）：《购物者闲置食品杂货购物车，提倡简单饮食》，《营销新闻》（5月20日），第10页。

美国汽车工业忽视了石油将会于20世纪70年代初短缺这一预测，并相信美国消费者不会改变其消费行为，由消费大排气量的汽车转向省油的小型汽车。结果，美国汽车制造商亲眼目睹了自己汽车产量的份额由1979年的97%下降到1990年的82%，然而进口和美国境内的外资汽车制造商的新型汽车的销售份额却由1979年的22%升

到了1990年的41%。[6]日本公司意识到潜在的汽油短缺的冲击力以及消费者观念的转变，转型生产小型、省油汽车，从而从美国的通用汽车、克莱斯勒和福特抢走了成千上万的消费者。

> “在包装产品行业发生的部分变化是由所有行业的共同推动所导致的。通讯与运输减少了国家之间的阻碍，使得全球的竞争更加激烈。信息科技的推广应用减少了对中层管理人员的需求。随着管理层级的变迁，要求组织结构的灵活度以及责任意识必须更强。”
>
> ——巴巴拉·卡恩和利·麦克艾丽斯特，《食品杂货改革》（Grocery Revolution），1997年，第7页

1962年，克力司吉公司（Kresge）的第一家凯马特折扣店开始营业；同时，沃尔玛也开张了第一家零售店。直到1985年，凯马特的增长速度快于沃尔玛（见表1.2）。1989年，凯马特成为最大的一家折扣零售商。到1994年，凯马特在美国的市场仍在增长，同时在加拿大、墨西哥、捷克共和国、斯洛伐克和新加坡一共拥有147家连锁店。然而，尽管以这样的速度发展，1994年凯马特的营业额也仅仅是沃尔玛的一半（见表1.3）。20世纪90年代中期，沃尔玛开始向全球范围扩张，到1995年它已经成为了世界上最大的零售商。1996年末，凯马特关闭了其在北美以外的所有连锁店，而沃尔玛在美国以外还拥有298家连锁店。到2001年1月，沃尔玛在国内连锁店的数目又增加了，并且其营业收入已经超过凯马特2/3。这个数据还不包括其在美国以外的1014家连锁店的收入。90年代中期，沃尔玛开始把凯马特远远地甩在了身后，而且其中的差距还在不断地增加。[7]当凯马特还在为焦点和特性问题苦苦奋斗的时候，沃尔玛却改变了经营思路，通过提高效率为消费者创造额外的附加值。

沃尔玛是行驶在这条高速公路上的一分子，它采纳了许多新的企业运作和经营思路。在以消费者为中心的基础上，沃尔玛提供给消费者愿意支付的产品。而且沃尔玛创新了后方工作实践，与供应商的合作关系以及更有效的产品分销系统，以及所有能使营运更加高效的措施（见图1.1）。沃尔玛通过在企业实践中不断地降低常规性管理开

支（SG&A），不断地在产品和商业运作流程中增加投入，从而在消费者需要的时候，以消费者愿意支付的价格，提供给他们所想要的产品，并且不断地把降低成本所省下来的费用投入到消费者身上。

表 1.2　　　　连锁店数目

	1962 年	1989 年	1994 年	2000 年
凯马特	1	2180	2316	2105
沃尔玛	1	827	1967	2642
				3624 *

资料来源：《零售传奇的诞生》，《凯马特历史》，见 www.Kmart.com，2001 年 8 月 22 日；多龙·J.P.（1995），《玻璃行动》，《首席行政长官》（7 月），105 号，第 40～49 页；凯马特年度报告（1994）；2000 年凯马特年度报告（截至 2000 年 12 月 31 日）；见 www.Kmart.com；沃尔玛年度报告（1994），2001 年沃尔玛年度报告（截至 2001 年 1 月 31 日）；见 www.Wal-Mart.com；沃克·理查德（1985）；《1985 年凯马特利润为 2.21 亿美元，下滑了 56%》，《商业新闻（Business News）》（8 月 19 日），路透社。

* 全世界连锁店的数目。

表 1.3　　　　营业额　　　　单位：10 亿美元

	1989 年	1994 年	2000 年
凯马特	22.9	34.1	37.0
沃尔玛	16.8	77.8	164.8

资料来源：《行业状况》（1995），《连锁商店时代管理人》（Chain Store Age Executive）（8 月），3A，第 78 页；年报（2001），沃尔玛，见 www.Wal-Mart.com；年报（2001），凯马特，见 www.Kmart.com。

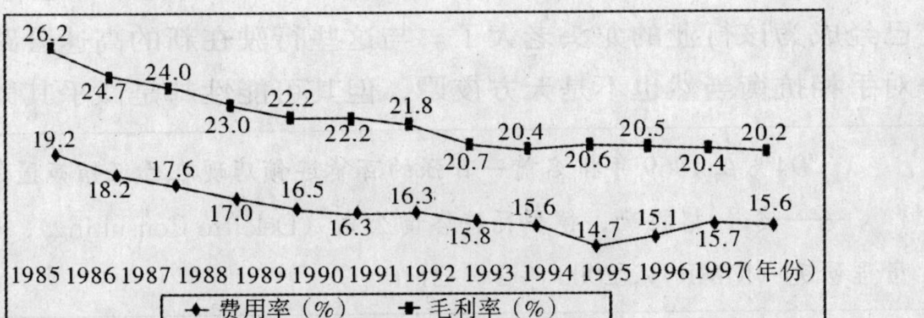

图 1.1　沃尔玛的费用与利润率

资料来源：经《连锁店时代》（1998 年 5 月）允许复制。版权为 LebharFriedman 公司所有。

旧的范式问题所在?

当500亿美元投入到整个食品杂货行业的促销和经营中时，便出现了问题，生产厂家并没考虑他们的投资是否物有所值，零售商/分销商也没有考虑他们是否得到了自己应得的市场份额。

> “食品杂货的销售渠道消耗……13%的销售额——用于商业促销。”
>
> ——格伦·特比克，《代理业务备忘录》(Agentry Agenda)，1999年

更重要的是，500亿美元落实到消费者的头上却寥寥无几。

与其说科学技术的应用是为了重建高效的企业运营过程，不如说科学技术仅仅是现存体系/过程的替代品。

当所有的实体都独立经营的时候，问题就开始出现了，它们没有意识到协作商业行为中通过团结合作取得成功的力量和价值。

大多数公司只有当营业额或利润开始下滑时才意识到危险的存在。可到那时其他公司早已运用新的商业方法把它们的消费者和市场份额抢跑了。许多还停留在老路上的公司也销声匿迹了。例如，位居食品杂货行业榜首前十名的店铺中有六家在2000年的排行榜上名落孙山（见表1.4)。1965年沃尔玛还未步入食品行业，可是到2000年它已经成为该行业的龙头老大了。与这些行驶在新的高速公路上的竞争对手相抗衡当然也不是天方夜谭，但其可能性却是微乎其微。

> “94%在1969年排名前一百强的百货连锁店现在已经销声匿迹。”
>
> ——彼得·格特勒，德罗瓦特咨询公司（Deloitte Consulting)，《市场管理研究（MMR)》，2000年2月21日

你必须了解你的消费者，紧随消费者的消费需求，设计令消费者轻松进行交易的商业方法。你必须是一个高效率、低成本的经营者，确保以合理的价格提供给消费者所需的产品，并成为一个低价位的商

人！如果你不是，那你一定要有一些其他优势！只要问问沃尔玛、波士顿市场、孟特格玛丽伍德（Montgomery Ward）、本田、凯马特、美食大都会（Food Fair）或Jewel，你就会了解优势的重要性。

> “最后，他们（消费者）在整个购物环境中不但要求低价位，还需要更高的价值、产品质量和优良的服务。价格竞争在权衡是否前往某个商场购物的过程中所起的刺激作用正在减弱。”
>
> ——埃德·可蒙，帝杰公司（Donaldson，Lufkin & Jenrette）副总裁，《现代食品商（Progressive Grocer）》，1999年3月

仅仅进行大量的市场和消费者调查研究并不能使你远离地狱之谷。[8]如今的消费者拥有获取产品以及服务的信息渠道，可以选择他们所想要的送货方式，可以在众多商家中货比三家、加以选择后再购买产品，可以随时做出购物决定。消费者可以轻易地前往其他的商家购物而不再惠顾你们公司的产品。因此，商家需要以消费者为核心，在这个动态市场中敏锐地捕捉需求的变化。

以消费者为核心就意味着不论是前线和后勤部门的行为规范都要以消费者为焦点，使他们方便地订货、咨询、投诉以及发表意见，进行送货跟踪、退货或信息收集等。送货系统必须确保消费者在需要的时间和地点购买到所需的产品和服务，由“推动”式的市场体系转型为“拖拉”式的以消费为基础的补给系统。运用这一系统，公司可以了解它们的消费者，跟踪需求的变化并开发消费者所需的新型产品和服务，确定消费者愿意支付的合理价位。

> “改变不仅是生活的必需品……改变就是生活。”
>
> ——阿尔温·托夫勒

那些忽视这种新型思维模式的公司必将面临风险。你正在与那些早已行驶在新的高速公路上的公司和那些已站在路口做好姿势、准备加入赛跑的选手竞争。你可以落在后面目睹你的竞争对手取得胜利的成果，你也可以采取以消费者为核心的范式来展开商业活动。

表 1.4　　　美国超市排行榜前 10 名

20 世纪 70 年代	20 世纪 80 年代	20 世纪 90 年代	2000 年
A&P	喜互惠连锁超市（Safeway）	克罗杰（Kroger）	沃尔玛（Wal－Mart）
喜互惠连锁超市（Safeway）	克罗杰（Kroger）	American	克罗杰（Kroger）
克罗杰（Kroger）	A&P	喜互惠连锁超市（Safeway）	艾伯森（Albertson's）
美食大都会（Food Fair）	American	A&P	喜互惠连锁超市（Safeway）
Acme	温—迪克斯百货（Winn－Dixie）	温—迪克斯百货（Winn－Dixie）	阿霍德（Ahold）
Jewel	Lucky	艾伯森（Albertson's）	SuperValu
Lucky	大联合体（Grand Union）	Food Lion	弗莱明公司（Fleming）
全国茶会（Natioanal Tea）	艾伯森（Albertson's）	大众超级市场（Publix）	温—迪克斯百货（Winn－Dixie）
温—迪克斯百货（Winn－Dixie）	Jewel	阿霍德（Ahold）	德尔海兹（Delhaize）
大联合体（Grand Union）	SGC	Vons	A&P

资料来源：食品趋势和工业前景工作室（1996），安德森咨询，12 月 5 日。

如果问到它们，大多数公司会欣然承认："消费者当然是第一位的！"然而，事实上，其他的特权和商业行为却主导着这些公司商业运作的核心。我们很容易踏入"行为陷阱"，关注于会计、财政、分析会议、联盟谈判等，而忽略了为消费者增值做些什么。如果你没有为消费者增加价值，其他人便会采取行动，这样你就会失去顾客。随之而来的就是生存问题！

第二章

变化的消费者

> “运用问题产生时的思维水准，是无法解决眼前问题的。”
>
> ——阿尔伯特·爱因斯坦

消费者的差异化真的如此显著吗？他们仍然采购食物，购买房屋，租借公寓，娱乐消费，购买设备、家具、衣服和电器产品。随着人口的增长，人们的消费总额也在增加。那么，到底是什么不一样了呢？分众（Demassification）。在《未来的震荡》一书中，阿尔温·托夫勒创造了“分众（Demassification）”这个单词，并解释为随着人口分裂为小的群体，社会组织也将开始分化。

> “权力的手杖曾经一度掌握在生产厂家的手中，随后转换到零售商的手中，现在它又转移到了消费者的手中。”
>
> ——纳坦·塔贝克，Wakefern 公司资深副总裁，《管理技术》杂志，2000 年 3 月

当消费者市场分化为小的群体，传统的大规模销售行为便不再行之有效。要想在这个环境中生存，公司必须分析市场划分、核实变化的消费者需求、寻找用户化的产品和服务方式。那么市场又是如何分众并影响着消费者的需求呢？

分　众

传统的家庭

1960 年，80%的家庭由家族构成（一个或一对家长与他们的子女）。到了 2000 年就只有 68%的家族家庭了；52%的家庭是一对已婚夫妇与家族共同生活在一起；与自己的孩子同住在一个屋檐的家庭占 23.5%；12%家庭的一家之长是没有丈夫的女性；7%家庭的一家

之主领导的是自己的孩子；而 32%的家庭被划分为“非家族”式的家庭。[1]显然，传统购物习俗中核心家庭单位（母亲和/或父亲以及他们的孩子）的概念用来形容现代家族或家庭单位已不再适用。这些新的家庭结构各自具有他们特有的购物习惯。

双职工父母

1960 年，23%的成年妇女属于职业妇女；2000 年，职业妇女的比例达到了 60%。有子女的成年人中 90%有劳动能力。[2]对于如此众多的双职工父母，时间是相当宝贵的。当这些消费者在购买产品和服务的时候，便利、健康、价格和加工产品所需时间都成了重要的选择和衡量标准。

多样性

在美国，不但少数民族的人口数目在壮大，而且其多样性也在增长。大约 12.5%的美国总人口来自西班牙和拉丁美洲：其中 58.5%是墨西哥人，9.6%波多黎各人，3.5%古巴人，还有 28.4%来自其他一些国家。尽管亚洲人口只占美国人口的 3.6%，他们却代表着许多异域民族：其中 23.8%是中国人，18.1%是菲律宾人，16.4%是亚洲印度人，10.9%是越南人，10.5%是韩国人，7.8%是日本人，还有 12.5%来自亚洲其他国家。西班牙人和亚洲人不能作为一个简单的少数民族目标群体。这些民族实际上由更细小的群体组成，而每一个群体对产品和服务都有其自己的需求。

家庭中使用的语言

并不是所有的美国人使用英语的能力都是在同等水平上的。大约 18%的 5 岁以上的美国人在家里除了讲英语以外，还使用另一种语言：12.5%的人在家里讲西班牙语，3.7%的人在家里除了讲西班牙语以外还使用印欧语言，2.7%的人在家里使用亚洲或太平洋岛国的语言。[3]在这些民族群体中，语言和价值观的差异产生了一系列的差别，以及极其细小的目标市场，而每一个市场都具有其自身特有的需求。

消费习惯

美国人并不是处于一个具有相同价值观、喜好、口味和购物习惯的“熔炉”之中。市场需求不但是毫无条理的，而且随着时间的变迁，它也不是稳定不变的。毫无疑问，在1987～1997年的十年间，消费习惯也发生了显著的变化。[4]

● 消费增长：

在教育方面的花销增长了20%

在卫生保健方面的花销增长了15%

在个人护理产品和服务方面的花销增长了13%

在娱乐方面的花销增长了8%

在住房方面的花销增长了5%

●消费降低：

在主要家用设备方面的花销降低了25%

在酒精饮料方面的花销降低了24%

在报纸、书籍和杂志方面的花销降低了18%

在服装方面的花销降低了15%

在食物方面的花销降低了3%

市场的进一步细化使消费者进入了一个全新的生活阶段，加上环境的改变，导致了消费习惯的变化。当今时代，取得成功的关键便是要了解什么样的产品和服务对于现代的消费群体来说尤为重要。

生命周期

生育高峰的影响对于整个经济周期来说尤其重要。现在这个周期开始进入了“AARP（美国退休人员协会）”群（年龄在50岁以上的人）的鼎盛期。其中有的人还有年幼的孩子；有的属于无家可归者；有的是单身；有的与成年子女共同生活；有的与孙子孙女一起生活。由于年龄相仿，同一群体中的成员也许具有相同的健康意识，但由于居住条件的差异，消费习惯却不一定相似。出生于生育小高峰时期的人现在要么是在校学习，要么已经就业。他们是第一批伴随着计算机的普及成长的一代人。其中有些人属于知识分子，他们需要最时髦最先进的小产品；那些不是知识分子的人需要的是“简单易用”的小玩意儿。同一群体中的成员可能在某些方面具有共性，例如年龄，但是他们的生活条件却不一定相同。因此，消费习惯也更不稳定，并且在市场中的变化表现得也更加明显。

老年人和娱乐的消费

1997年，家长年龄在65～74岁之间的家庭，在娱乐上的花消超过了家长年龄低于25岁的家庭。1987～1997年的十年时间里，家长年龄超过65岁的家庭在娱乐上的消费比其他任何年龄群的增长速度都快。家长年龄超过75岁的家庭1997年的娱乐消费比1987年高出了98%。[5]身体健康、手里有可以独立支配的收入并且性格外向的老年人，常常外出旅游、看电影、参加各种运动、跳舞、滑雪以及外出就餐。他们的生活状况同10年、20年前的老人已经大不一样了。他们对产品和服务的需求也发生了变化。

X代人

X代人（出生于1965～1978间的人）是一个多样化的群体，他们的观点是“事到临头，再做决定”。当大多数针对家庭、家族所设计的商品推出时，这一代人正好开始组建自己的家庭。由于X代人很容易厌倦，他们不会在某一件事物上花费过多时间。他们喜欢新鲜、以前从未发生过以及具有娱乐感的事物。由于他们中80%的人是在现场临时做出购物决定，所以产品的外观和店内的促销尤为重要。[6]尽管这个群体的需求可能同过去几代人中处在生命周期相同阶段、并且开始组建家庭的人有相似之处，但他们对产品和服务的选择以及购物决定的过程却完全不同。

计算机科技

1997年家庭用于计算机科技的费用比用于主要家用电器、除草、园艺或家具的都高。科技费用最高的家庭属于那些家长年龄在45～54岁之间的家庭，这类家庭1997年用于计算机科技的费用比1987年高出了61%。其次是那些家长年龄处于35～44岁之间的家庭。第三大消费群体是家长年龄处于55～64岁之间的家庭，这些人比年龄在25～34岁之间的家长用于计算机科技的费用更高。[7]并不是只有年轻人购买计算机或高科技产品。有些成年人为了孩子学习而购买计算机；有些人买计算机为了便于自己晚上在家工作；有些人购买计算机产品建立家庭办公室；有些人配备呼机以方便他们那些“挂钥匙”的孩子能在紧急情况下与自己联系；有些人为孩子配备呼机以便于孩子们与同龄朋友联系；还有的人购买个人数码助手用于自己繁忙的行程安排。科学技术的费用在增加，但是购买的产品和理由却迥然不同。

饮食花消

不但家庭内的饮食花消降低了3%，而且家庭以外的饮食花消也下降了13%。但是用于购买外卖食品的费用却增加了61%。[8]人们在家烹饪的时间的确不如从前那么长，但是他们也许仍旧在家用餐。方便的营养食品，例如波士顿市场，以及超市里出现的新型食品和一些公司提供的外带或送货上门的美味食品对于当代的消费者来说都是一种冲击。

购物时间

20 世纪 80 年代，消费者每个月平均要去三次商场，平均每月的购物时间为 12 小时，商店数目为 7 家。到了 90 年代，消费者去商场的次数变为每月两次，商店数目为 3.5 家。[9]时间成为了一种珍贵的商品，用于购物的时间越来越少了。有调查表明，40%的消费者到下午四点还不知道当天的晚餐要吃什么，而且在这些人中，60%的人直到踏入商店的门口还没想好要买什么。[10]吸引这些消费者消费的关键就是要知道这些人在什么地方、采取什么方式购物。

安全的家

20 世纪 90 年代消费者开始将更多的开销用于家庭健身器材、娱乐设施、安全产品和贮藏方式上。[11]例如，消费者纷纷购买了烟雾探测器、一氧化碳探测器、水质净化系统以及各种各样的健身器材以提高家庭和自身的安全。录像机、大屏幕彩电、数字化视频光盘和环绕立体音响系统的畅销给人们的家庭带来多种娱乐选择。这种家庭娱乐的形式提供给人们高质量的家庭生活，使他们从中缓解一周忙碌工作后的压力，或者营造一个与朋友共享的娱乐环境。

尽管总体的消费额在增加，主要的消费转变却与人口的增长、生活方式的改变、生命周期模式的变化以及人们对经济的关注息息相关。因此，消费者进行购物决策的旧模式已不再适用。由于双职工的父母越来越多，老年人的身体也越来越健康，并且他们拥有自己的存款，加上计算机科技的迅速普及，导致各个群体的购物标准和购物种类发生了转变。根据所购产品的不同，消费者可能属于不同的目标群体。虽然在同一年龄段的人可能具有相同的健康状况，也可能购买同样的产品，但由相同特征的人组成的群体却可能有着截然不同的娱乐和科技需求。尽管在同一年龄群的人可能在科技产品上的消费数额相同，但他们可能购买不同的产品来满足不同的需求。尽管同一年龄群的人可能购买相同的娱乐产品，但他们的购买动机也有可能完全不同。

> “当今的零售业必须面对一个不争的事实——消费者掌控一切。消费者可以进行的选择比过去任何时候都多，而且他们拥有日益增长的信息来源，而这些信息便是他们购物决定的基础。现代的消费者已经相当成熟老练，而且他们对价值也非常了解。”
>
> ——特雷斯·威廉姆，印第安那大学，马克·J. 拉森，KPMG（译者注：企业管理公司）

消费者必须被视为多维空间的人，也就是说根据不同的产品和服务，在不同的时间，消费者属于不同的目标群。换言之，由于需求和从属关系的变化，他们是一个变动的目标群体。

消费者价值等式

20 世纪 90 年代中期，消费者进行购物决定的标准开始发生变化。克特·萨蒙联合会（Kurt Salmon Association）关于食品工业研究的数据显示，只有 51%的被访消费者认为，价格是影响购买食品日杂产品最重要的因素。大约 49%的消费者选择了其他标准作为更重要的影响因素。通常，91%的消费者将商店的干净/整洁度列入他们的衡量标准，90%选择了高质量的产品，88%选择了高品质的肉类，82%则将雇员的礼貌亲切度列入衡量标准清单之中，78%的消费者还加入了低廉的价格，而 77%的人表示便利的地理位置是重要的购物标准。[12]

食品营销协会（FMI）跟踪消费者选择商店的原因，并发现了其中的变化（见表 2.1）。1995 年，97%的消费者赞同低廉的价格是重要的因素，然而到了 1997 年，赞同价格低廉非常重要的消费者的比例是 77%。[13]其他因素，比如干净整洁的商店、高品质的产品、亲切友善的员工或精确的货架标签则变得更为重要。另一项消费者调查发现，30%的消费者选择价格作为最重要的因素，24%选择了种类/分类，而 23%的消费者选择了便利的地理位置。[14]消费者选择某个商店进行购物的标准随着时间而改变，而价格只是他们价值等式中的一个因素。

当消费者依赖于汽车或公共交通前往购物的时候，便利仅仅意味着地理位置的靠近。而现在便利意味着更多含义—— 一步到位的购物、为了方便双职工家庭延长营业时间以及一个良好的库存跟踪记录。[15]就连曾经如此重要的老式房地产业口号“地理位置，地理位置，地理位置”现在也显得不那么重要了。满意的售后服务和建筑质量占房屋购买者整体满意度的 70%；房屋的地理位置在其评估中仅占 3%。[16]另外，许多消费者无论是在网上购物还是在当地的零售店购买产品之前，都会在互联网上对产品进行研究。使用互联网的消费者再也不局限于当地零售店的产品种类和分类；网上购物可以不受产品陈列以及地理位置的限制。消费者所要求的并不仅仅是合理的价格，他们希望得到更多的东西。价格是其中之一，但那仅仅只是现代价值等式中的一部分。便利、地理位置、价格、质量和服务是消费者价值等式中的所有组成部分。然而，一个特定的价值等式中的要素将根据消费群体、产品、服务和行业的变化而变化。

> “如果你还期待着像以前那样循规蹈矩地做生意，赶紧换换脑筋吧……曾经温顺的消费者已经觉醒，认识到他们所拥有的权利了。”
>
> ——《商业周刊在线》，2001 年 3 月 23 日

表 2.1 选择某个商店购物的原因

原 因	非常或比较重要（%）		
	1997 年	1996 年	1995 年
干净、整洁的商店	91	91	99
高品质的产品	91	90	99

续表

原　因	非常或比较重要（%）		
	1997 年	1996 年	1995 年
高品质的肉类产品	86	88	94
礼貌、亲切的员工	82	82	96
按所标明日期使用/销售	82	–	–
精确的货架标签	77	–	–
低廉的价格	77	78	97
便利的地理位置	75	77	95
快速的收银	70	–	–
商店外的人身安全状况	70	–	–
形式多样、种类齐全的品牌	–	54	98
提供给消费者营养及健康信息	–	50	84

资料来源：1995 年、1996 年、1997 年《食品市场行业状况》。食品营销协会（FMI），5 月 5 日、6 日、8 日，伊利诺斯州芝加哥。

消费者统治着这个新型的分众市场。消费者需要在他们想要的时候，按照想要支付的价格购买到他们所想要的用户化的产品和服务，并且他们的喜好决定着送货的形式。

公司如何回应呢？

范式转换

产品时代

在第一次和第二次世界大战期间，美国加大了军火、枪支、坦克和飞机的生产。家庭主妇们纷纷将定量配给的粮食、省吃俭用的食用油、节约下来的纸张和易拉罐纷纷贡献出来。而且许多妇女前往工厂工作。第二次世界大战末，男人们返还家园，接过了生产的工作或者步入学校。许多人结婚生子，于是出现了“生育高峰”的一代人。房屋、家具和电器的需求使制造业不断地繁荣发展。

> “当代的消费者不得不与由销售渠道的基础设施和自20世纪60年代发展起来的营销战略所形成的购物经验作斗争，而这些购物经验已不再能满足时间宝贵而又具有丰富信息来源的购物者的需求。”
>
> ——布鲁斯·威斯特布鲁克，德勒公司（Deloitte & Touche），《市场管理研究（MMR）》，2001年2月19日

在“冷战”期间，许多公司仍然继续从事防御性产品的生产和科学技术研究。其他一些公司则生产满足日益增长的消费者需求的产品。家具、家用器皿、儿童服装和玩具、汽车、收音机和电视的大量市场持续增长着。规模经济、需求链、管理控制和高效的生产方式是这一商业思维模式留下的烙印。电视节目的黄金时段则是在全国消费者的大众市场中展示最新的大规模生产产品的理想工具。

20世纪70年代和80年代，日本和德国采用先进的技术设备重建了自己的工厂，并且以强有力的竞争价格在美国取得了销售的成功。这一变化促使美国的制造商变得更加追求高效率和更有竞争力的价格。因此，质量的主动性和即时生产流程风靡一时。许多公司仍旧按照“生产，就会畅销”的方式进行经营。他们也许已经根据某一部分市场的需求对生产流程进行了些许的改变，他们也许也曾努力根据质量监控或执行国际标准化组织ISO9000的生产过程来降低成本；他们也许也曾发展合作式供给链的方式来进一步降低成本；然而，这些技术的应用不再确保能够百分之百的成功。大众市场已不复存在。因此向大量消费者市场生产和销售大批量产品将注定以失败告终。

消费者时代

托夫勒在美国关于分众市场的预言现在已经成为现实。20世纪

六七十年代，每天晚上收看有线电视的美国家庭比例超过了 90%；到了 1990 年，这个数字还不到原来的 2/3，并且呈现持续下滑的趋势。经调查，1997～1998 年的有线电视收视率已下降为黄金时段收视率的 47%。而为迎合特殊消费兴趣的杂志销售数量却暴涨。《运动画刊》（Sport Illustrated）曾经是风靡一时的惟一一本体育杂志；而今天仅在www.newsdir-ectory.com 上罗列的各式各样的体育杂志就超过了 500 种。[17]购买录像机、DVD 播放机、MP3 播放机和电脑的家庭也以惊人的速度增长。使用互联网的人数在持续上升。Nielsen/网络评估报告指出，全世界有 4.29 亿用户与互联网相联。这个结果表明，大众消费群体已不存在。大范围的消费领域也不复存在。

> “大众市场已经消失了——未来是个性化的……我们已经步入到一个一对一或定制化的营销时代。”
>
> ——菲思·波帕康，智力储备公司（Brain Reserve）主席，《连锁商店时代》，1996 年 10 月

每个消费者都拥有自己的信息渠道，并且从中选择购买能够满足其个人需要的产品或服务。销售渠道已不再是某个公司决定；消费者决定他们想要购买或拿到产品和服务的方式、地点和时间。你只能销售消费者想要购买的东西；只有消费者愿意光临，你才能在某个零售店销售产品；只有消费者有了愉快的购物体验，你才可能使他们成为自己的回头客。

> “交易权将完全转移到消费者的手中，他们将为产品和服务寻求无缝隙的销售渠道。”
>
> ——曼丽·莫尔普斯，G.M.A. 执行总裁，《食品物流》，2001 年 1～2 月

在新的消费者时代，成功不是创造另一个目标市场，而以传统的方式将产品销售给消费者。本书所展示的以消费者为核心的方式意味着整个企业都必须投入到这个过程中去。消费者的数据必须及时准确。库存和生产必须从消费角度进行管理。网上、宣传册和店内销售

必须协调统一。这都需要技术的应用、大规模重组的实施以及公司上上下下的通力合作。

最近出版的大量书籍阐述了关于这种范式转换的深刻见解：如佩普斯和罗杰所著的《一对一营销》；舒尔茨、坦尼鲍姆和斯坦利所著的《新的营销范式》；格罗斯坦德写的《消费者的世纪》；布兰克威尔和斯蒂芬合著的《消费者规定！》；卡恩和麦克爱丽斯特的《食品行业革命》；汉密尔的《备忘录》；米塔尔和谢斯的《价值空间》；塞波德的《消费者革命》。

> “赢家通过改变消费者的价值定义改变着游戏的规则。”
>
> ——拉尔夫·思戴尔，强生维尔食品公司（Johnsonville Foods）前任执行总裁《集结地》(The Staging Area)，1997 年1 月

只有那些很好地识别经过变化后的消费群体的特征、消费个体的需求和需要以及消费者所使用的科学技术的公司，才能抓住成功的最佳时机，但是成功的前提是整个企业要以消费者的需求为运作核心。

第三章

全球环境

> “你已经处在改革的最前沿。随着国外新产品的进入、消费者品位的变化、成本结构的作用以及科学技术的突破，你不能再仅仅维持现状。如果你不能够快速地适应环境，你将极为脆弱。这是一条在世界各国各行各业、各个商业领域都通用的真理。”
>
> ——杰克·韦尔奇，通用电气总裁，《财富》，1993 年 12 月 13 日

商业在全球范围内行使着自己的职能。如今，一切商业形式都在全球范围内行使着其职能。当然，大型的全球和跨国公司在全球范围操纵着商业行为。近几年来，美国出口的增长得益于其中小型企业的发展。通过在互联网上建立网站，越来越多的公司收到了来自本国以外的询价和订单，甚至连国内的生产厂家和当地的服务公司也卷入到了全球市场之中。

> “消除所有的障碍将推动将近 2 万亿美金的经济发展，相当于中国经济的两倍。”
>
> ——密歇根大学研究，2001 年 1 月 23 日

排名于前一百强的公司所分布的国家的数目在不断增长（见表 3.1）。随着产品出口国家的增加，许多国家的国内生产厂家发现自己面临着打入当地市场的国外产品的竞争。由于移民、驻外行政人员及其随同家属常住人口的增加，以及外国留学生的增多，本地的服务性企业在当地社区也拥有了全球性的消费者。

> “在发生巨变的时代中，好学者将掌管未来。这些好学者通常会发现自己正处于一个不再存在的世界。”
>
> —— 埃瑞克·贺夫曼

不是所有的公司都会在国外建厂投产，也不是每一个公司都将通过分销商或销售人员在国外市场进行销售。然而，在新市场中拓展业务的跨国和全球化的公司的数目却在与日俱增。所以尽管你们公司也许并不积极主动地在国际市场进行销售，却可能也与外资企业保持着

良好的业务往来。因此，作为在当地建厂的国内生产厂家的业主和经营者，必须综合考虑全球环境。而且，企业必须了解全球的竞争对手并做好调整以适应全球消费者的需求。

> “我认为在不久的将来，全球将在消费者、范畴和地理位置等系统方面发展成为一个统一化和标准化的战略结构。”
>
> ——拉尔夫·德雷尔，供应链解析（Supply Chain Insights）主席，《超市新闻》，2001 年 6 月 11 日

1968 年，马歇尔·麦克卢汉（Marshall McLuhan）为我们引入了地球村的概念。由于科学技术使得全球信息通讯更加便捷，由于全世界的人都可以获得相同的信息和娱乐，由于标准化的产品可以遍及全球的每个角落，许多学者专家提出全世界可能会转变成为具有相同文化、相同语言、相同消费需求的地球村。例如，全世界的青少年都收看音乐电视。世界各地播放各自不同的特定节目，但其中许多歌曲是相同的。发展中国家和发达国家的大多数儿童都知晓米老鼠。英国、澳大利亚、美国或那些播放英国电视的国家中的儿童都知道《睡衣香蕉人》（Bananas in Pajama）。世界各国的科幻小说迷们都熟知《星空奇遇记》（Star Trek）和《WHO 博士》（Dr. Who）。Jerry Springer Show（译者注：美国煽情脱口秀节目）在美国和欧盟家喻户晓。麦当劳和可口可乐随处可见。我们是在朝着麦克卢汉所预言的地球村方向前进吗？

表 3.1 **全球最大的企业**

国　家	1968 年	1979 年	1984 年	1990 年	1993 年	1996 年	2001 年
美国	67	47	47	33	32	24	37
德国	13	13	8	12	14	13	10
英国	7	7	5	6	4	2	5
法国	4	11	5	10	6	13	7
日本	3	7	12	18	23	29	22
意大利	2	3	3	4	4	4	3
荷兰/英联邦	2	2	2	2	2	2	2
瑞士	1	1	2	3	3	5	4
韩国	–	–	4	2	4	4	1

续表

国　家	1968 年	1979 年	1984 年	1990 年	1993 年	1996 年	2001 年
墨西哥	–	1	1	1	1	1	1
委内瑞拉	–	1	1	1	1	1	1
荷兰	–	–	–	–	–	–	3
比利时/英联邦	–	–	–	–	–	–	1
中国	–	–	–	–	–	–	3

资料来源：根据《世界 500 强企业》改编，《财富》，1997 年 8 月 4 日，第 F2～F3 页；《世界最大企业》，2001 年 7 月 23 日，Forturn.com。

标准化无可避免吗？其决定因素在于……

也许正如麦克卢汉所预言的那样，我们正在朝着地球村的方向前进，但是这个地球村又是在什么水平、什么程度呢？许多满足基本消费需求的消费产品也许已经标准化了，比如洗发香波、清新剂、尿布、饮料、钢笔、牛仔服、清洁剂、鞋类及化妆品（见图 3.1）。潘婷、席格丽特（Secret）、好奇（Huggies）、科罗拉（Corona）、Bic、利维牛仔裤（Levi's）、Ariel、锐步（Reebook）及美宝莲（Maybelline）在世界各地的产品是统一的。许多消费产品在全球都实行了标准化。消费者生活方式（见图 3.1）的全球观念的更新，推动着我们向地球村的方向靠近。

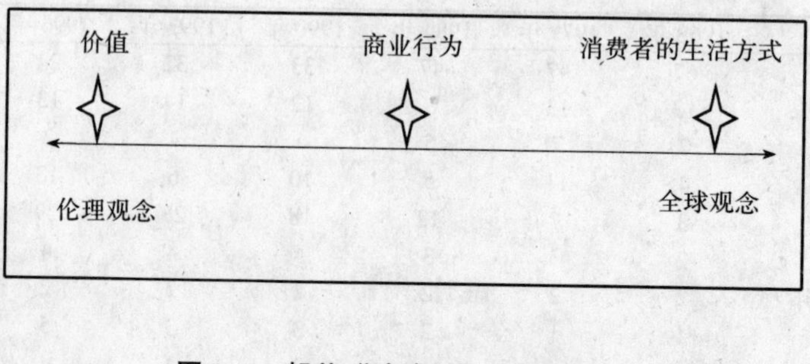

图 3.1　朝着“地球村”的观念前进

然而，商业行为离标准化的距离却非常之遥远；握手不是全世界通用的日常问候方式。单页的备忘录也不是所有公司的标准格式，会议也不必总是严格地按照议程安排进行。[①]但是，有迹象显示，有些商业行为正在逐渐标准化。

> “在日本，电话接通时的声音听起来就像美国的忙音。当你在酒店房间里拨打电话的时候，这种声音往往容易令你产生疑惑，当电话接通的时候，你会以为还未接通。”
>
> ——比尔·麦克法兰，Smart & Final 首席信息总监，《连锁商店时代》，1999 年

例如，在日本的许多地方互换名片已经成为了一种重要的商业礼节。在阿根廷，大多数商业行政会议采用活泼的自由讨论方式。人们刚开始互相打断他人的谈话，有个人说道：“大家请安静，我们已经不再采用以前那种可以随时打断他人发言的方式了。现在我们采用轮流发言的形式。”自从美国总部引进电子商务以后，便提出了关于行为举止再定位的有关概念，每个人都必须在会前进行准备工作，并且在议程中必须等前一个人发言完毕以后再依次进行发言。当然，这种工作方式的意义在运用电子会议技术以后才会显得比较突出。在电子会议中，如果两个不同地点的人同时发言，那么就没人能够听清楚谈话的内容。然而，在阿根廷的现场出席会议中，也逐渐开始采纳这种方式。

许多商业行为开始标准化，但也有一些维持原样。拉丁美洲的社交活动和亚洲的人际关系没有改变。有些尚未标准化的商业行为还会带来一些麻烦。例如，世界各国对行贿受贿行为的划分和看法便各不相同（见表 3.2）。有些国家对行贿受贿行为有着严格的标准、法律或规范；另一些国家把行贿受贿视为可以接受的商业行为。当然，并不是所有的商业行为都是统一标准化的。商业行为并不像图 3.1 中所示的消费产品那样，可以从伦理道德发展到全球观念的统一。

表 3.2　　2001 年腐败认知索引（CPI）* 排名前 25 和后 25 名国家一览表

前 25 名			后 25 名		
国家	排名	评分	国家	排名	评分
芬兰	1	9.9	哥斯达黎加	40	4.5
丹麦	2	9.5	毛里求斯	40	4.5
新西兰	3	9.4	希腊	42	4.2
冰岛	4	9.2	韩国	42	4.2
新加坡	5	9.2	秘鲁	44	4.1
瑞典	6	9.0	波兰	44	4.1
加拿大	7	8.9	巴西	46	4.0
荷兰	8	8.8	保加利亚	47	3.9
卢森堡公国	9	8.7	克罗地亚	47	3.9
挪威	10	8.6	捷克共和国	47	3.9
澳大利亚	11	8.5	哥伦比亚	50	3.8
瑞士	12	8.4	墨西哥	51	3.7
英国	13	8.3	巴拿马	51	3.7
中国香港	14	7.9	斯洛伐克共和国	51	3.7
奥地利	15	7.8	埃及	54	3.6
以色列	16	7.6	萨尔瓦多	54	3.6
美国	6	7.6	土耳其	54	3.6
智利	18	7.5	阿根廷	57	3.5
爱尔兰	18	7.5	中国	57	3.5
德国	20	7.4	加纳	59	3.4
日本	21	7.1	拉脱维亚	59	3.4
西班牙	22	7.0	马拉维	61	3.2
法国	23	6.7	泰国	61	3.2
比利时	24	6.6	多米尼加共和国	63	3.1
葡萄牙	25	6.3	摩尔多瓦	63	3.1

资料来源：《2001 年腐败认知一览表》改编，腐败调查及国际透明度互联网中心，参见 www.globaledge.msu.deu

* 2000 年 CPI 评分来自于商人、风险分析师以及普通老百姓对腐败程度的认知，评分范围介于最高分 10 分到最低分 0 分之间。

价值观正在以缓慢的速度逐渐趋于标准化。心理学家指出，价值观的形成大约需要经历是在 12 年左右。世界各地的人对人权、自然保护、人际关系和伦理道德的态度与观念可谓千差万别。

> “具有讽刺意味的是，当国际贸易中法律和官僚政治壁垒在逐渐消除的时候，文化和语言的障碍却在增加。”
>
> ——安娜·瑞兹伍斯基，《贸易和文化》，1996 年

有些宗教认为宇宙是无穷的，有些哲学信仰并致力于维护和谐。有些宗教认为人类区别于其他生物的地方在于人类具有灵魂；有些宗教则认为人类无异于动植物，因为所有的生物都有灵魂。

有些文化认为衡量是否专业的标准在于能否在规定的时间内成功地完成任务。有些文化信仰世界是不稳定的，故而只有家庭和人际网络关系才给人以安全感，所以他们认为将时间用于建立或维护家庭或人际网络关系比在规定的时间内完成任务更为重要。

尽管新一代人不同于老一代人的价值观，整个国家的价值观的改变却是相当缓慢的。两代人的价值观的差异并不一定导致全世界价值观的会聚。而且，不同的价值观将导致截然不同的商业决策。在那些非常看重家庭关系的国家里，裙带关系成为雇用员工和选择合作伙伴的一个重要依据。而在那些注重家庭关系以外的实际工作、系统和客观事实的国家里，裙带关系却是违法行为。不同文化群体的价值观也会截然不同，并反映出人们对道德规范的认知，并且导致了世界各地完全不同的商业行为。

地理位置相隔很远的消费者也许会采购某些相同的产品，某些商业行为也可能不谋而合，但是不同文化的基本价值观念差异将导致商业决策无法聚合。地球村尚未存在。

调　整

如何在全球市场做生意？其决定因素在于：你是否将产品销往其他国家？哪些国家的市场更大（见表 3.3）？你的产品是否能满足这些具有巨大市场国家的消费者需求？你是否在其他国家进行生产？你是否需要在其他国家管理员工？你与经销商还是与合资伙伴合作？在另一个国家进行贸易的风险有多大（见表 3.4）？调整这一概念意味着在三种商业环境中做决定，即：向当地的消费者销售，管理员工以及与决策伙伴进行合作。

表 3.3 2001 年世界人口最多的国家

国　家	人口（百万）
中国	1273
印度	1033
美国	285
印度尼西亚	206
巴西	172
巴基斯坦	145
俄罗斯	144
孟加拉国	134
日本	127
尼日利亚	127
墨西哥	100
德国	82
越南	79
菲律宾	77
埃及	70

资料来源：人口调查局，2001 年 5 月，国际标准期刊号 ISSN 0085－8315。

表 3.4 风险系数最高和最低的十个国家

风险最低的国家	风险最高的国家
新加坡	塞拉利昂
挪威	南斯拉夫
瑞士	索马里
卢森堡	几内亚比绍共和国
荷兰	津巴布韦
芬兰	刚果民主共和国
文莱	伊拉克
丹麦	摩尔多瓦
加拿大	朝鲜民主人民共和国
瑞典	利比里亚

资料来源：世界各国风险指南，政治风险服务集团，www.prsgroup.com，1999～2000。

消费者可能具有相同的需求，例如洗衣、做饭或者采购生产设备。然而，同一产品不可能畅销于世界各地。世界上许多国家采用公制单位系统，所以美国产品销往其他国家时需要用公制单位校对或标注。由于世界各国电源插口输出的电压和频率不同，所以电器产品需要根据当地的实际情况进行调整。世界各国使用不同的视频系统，所以特殊系统录制的录像带也不能在全世界范围兼容。

> “在斯堪的纳维亚，装修起居室的目的是为了营造良好的会客环境，所以沙发通常为直立靠背，靠垫也比较厚实。在美国，电视机在起居室中占主导地位，因此沙发必须柔软而蓬松。”
>
> ——斯丁·坎特，坎特国际（Kanter International），《连锁商店时代》，1999 年

洗衣机在发达国家被视为必不可少的家用电器，但在中国，洗衣机却是地位的象征品。人们认为拥有一台洗衣机是如此荣耀，通常会把它陈设在客厅。由于电费比较高，电力供给也不稳定，除非万不得已的情况，洗衣机并不常用。

在同一地区或某个特定地域范围内也存在相似性。拉尔森·普瑞娜在 7 个国家（美国、德国、巴西、墨西哥、西班牙、意大利和阿根廷），针对 6200 户养狗的家庭和 6300 户养猫的家庭进行了问卷调查，进行宠物护理研究。结果显示，这些国家的宠物主人可划分为具有共性的七大类。[②]根据他们的行为和目的，拉尔森·普瑞娜可以识别他们的兴趣所在，并制定针对性的销售策略，对各个专卖店做出相应的分类决策。

即使是属于同一地区的人也存在着口味差异。不同民族使用辣椒的分量和种类也各不相同。例如，含糖巧克力中糖的含量千差万别——欧洲人偏好黑巧克力，而美国消费者喜欢白巧克力。同是速溶雀巢咖啡，西班牙和英国的就不尽相同，瑞典的口味也不一样。

> “好多零售商都不重视因地制宜地在各个国家做生意。”
>
> ——罗兰多·德·阿格尔，阿姆斯百货公司（Ames Dept. Store）首席财务总监（CFO），1999 年

麦当劳在世界各地销售食品的同时也在销售美国文化。麦当劳对

自己的注册商标食品不进行任何改变。世界各地任何一家麦当劳都尽可能地使汉堡包和薯条与美国本土的口味保持一致。然而，麦当劳在其他方面则会根据当地消费者的口味和喜好进行调整。例如，麦当劳为了迎合地方口味而创新食品并调整菜单，日本的炒米饭和印度蔬菜汉堡包便是例证。然而，无论消费者在麦当劳吃的是“美式”汉堡包还是炒米饭，他们所尝试的都是美国文化。

好莱坞电影制作公司发现，人们对美国通俗文化的青睐是有一定限度的。尽管好莱坞的巨片在全世界引起了轰动，尽管英语可能是全世界最热门的语言，有些低成本的影片，无论其采用何种语言，同样也能成为一枚重磅炸弹，如罗勃托·本尼格尼的《美丽人生》。另外，许多观众对当地的电视节目也会情有独钟。[3]要想在电影这个行业取得成功，就要了解何时、何地、如何迎合当地消费者的喜好。

沃尔玛在全世界推广其成功经验时也曾经历过一段艰难时期。沃尔玛在美国境外开的第一家国际连锁店是在墨西哥。一方面，沃尔玛并不将其专业技术和全球的购买力与其新的合作伙伴分享，而且它还运输了许多墨西哥本地很少使用的产品，如溜冰鞋、驾驶式割草机、渔具、供双向飞碟射击用的陶土飞靶等。不过，这些目录清单很快在沃尔玛遭到了淘汰。阿根廷的沃尔玛同样遇到了类似的问题，原因是它没有了解当地市场，并且销售的五金电器与当地的电压不匹配。[4]计算机系统在某个市场效果显著并不意味着它在所有地方都行之有效。产品在某个市场畅销却不一定在所有其他市场同样畅销。计算机库存系统需要根据当地实际情况进行调整，而产品的种类也必须加以改变以满足消费者的需求。

如果世界各地消费者的需求是一样的，或者你的产品代表你们国家的文化，而且你所努力销售的是一种文化，那么产品便可以实现标准化。然而，如果消费者的需求不同，其中存在着结构差异，或者消费者的口味和喜好各异，那么产品和服务也应根据特定的市场进行适时调整。

员工在许多不同情况下，会采用不同的商业行为。在销售渠道系统不健全的国家，可以在商店购买的物品很少，所以金钱也许并不能成为激励员工、提高产量的动力。有时公司不但需要根据地方性节假日来适应宗教差异，而且每天还要给员工提供特定的休息时间进行祷告。

> “国际贸易比国内贸易所产生的工作机会平均高13%～18%。”
>
> ——国际贸易管理，美国商务部，2001 年4 月

授权原则不是万能的。在那些注重平等的国家里，授权是一种商业方法，企业内部通过授予员工较小程度的决策权以提高其责任心。而在那些注重地位和等级差别的国家，商业决策通常采取中央集权化方式，而且企业期望员工按部就班地执行命令。自作主张的商业行为通常不受欢迎。有些地区的人相信命运，相信未来是不可预测也不可主宰的，所以，员工不会主动做个人决策也不会为所做的决策负责任。

在拉丁美洲的某个公司，员工每天早上开始正式工作之前，基本上要花一个小时左右的时间闲聊，谈论头天晚上做了什么事情、吃了什么或在什么地方用的晚餐，以及一些家庭琐事。公司的经理是个美国人，为了避免由于闲聊而浪费时间，他召集了一个全体会议并告知所有员工每天早晨的私人聊天时间必须控制在五分钟以内，否则将从员工的薪水里扣除一个小时的工资。于是员工都按照新的规章行事，但生产力却比以往明显地下降了。经过一段时间仍无改善后，经理取消了限时五分钟的晨聊规定。员工又恢复了每天晨聊一个小时的习惯，生产力不但恢复了原来的水平而且还有所提高。在拉丁美洲，与家人和亲近的朋友进行沟通非常重要。因此，早上与同事聊天并进行交流是建立一个良好工作气氛从而全身心投入工作的前提。相反，在有些国家，每天早晨同事之间并不进行私人交谈，甚至有的同事共事了好几年仍以姓氏称呼。

世界各地上下级之间的关系迥然不同。如果你管理的是一支销售队伍，或在工厂车间监督员工生产，或从事服务行业，那么了解当地员工的工作状况将是成功的关键。

战略联盟或合作伙伴关系在公司与公司之间的互补产品、分享技

术或合作研发项目中得到了广泛利用。合作、合并及战略联盟中，许多企业来自不同的国家。例如，美国的一家营销策划公司 Harte Hanks 与新加坡的一家直邮广告公司 WPP Group 组成了战略联盟。WPP 拥有成熟的消费群体和良好的创造能力，并成功地在东南亚设计制作了许多优秀的直邮作品。另一方面，Harte Hanks 希望打入东南亚市场但却在这个地区缺乏专长。然而，他们拥有杰出的软件可以跟踪执行效果并检测直接营销行为的结果。在这个案例中，合作的双方都有对方所缺乏的一技之长，所以联盟显得很有价值。

联盟失败最普遍的原因通常是文化冲突——即使双方公司来自于同一国家。尽管联盟在财政上意义重大，但是如果在占领市场期间不能很好地协调文化差异，那么无论是从产品革新的角度，还是从成本效率的角度，联盟终将以失败告终。例如，有两家从事保安行业的公司因为各自在不同的保安领域拥有专长，于是决定合并。合并以后，这个大型企业向客户提供的服务范围更广了。在合并协议中，双方的总裁都明确表示想成为合并公司的总裁并掌管新公司。为了均衡控制权，双方都保留了各自的总部和下属职能部门，所以每个总部都有一部分高层管理人员。尽管这样的安排看似满足了双方的要求并解决了领导权的问题，但随着时间的推移，双方组织都发现合并后的企业貌合神离。最终，合并的公司仍然分裂为原来的两个独立公司。

> “尽管效率有所提高，合资企业中由于目标、价值观和文化的差异所导致的问题仍然层出不穷。”
>
> ——迈克尔·Y. 海和陈海洋，《商务调查期刊》，1966 年 2 月

美国最成功的合资企业 CFM，是由 GE 飞机发动机公司和 SNECMA——法国国营飞机发动机研制公司，组建的合资企业。由这家合资企业承担的任何飞机发动机项目，两家公司都尽量做到在发动机的生产分工上公平。两家公司不均摊成本，只平分营业收入。每个公司都在指定的期限内完成各自的项目；每家公司都获取 49% 的收益（2% 的营业收入用来维持合资企业总部大约十个人左右的运作费用）。双方都尽可能地确保低成本，因为他们的利润便是他们的成

本和所得收益的差额。根据各自的成本结构，双方所获得的利润各不相同。这种管理并不能消除所有的冲突。然而，对所追求目标的一致认同，职责范围的清楚划分以及事前关于收益的分配决定，确保了建立起来的合作体系能够更长久地存在。

如果商业习惯不同，如果制定决策的步骤不同，如果组织的目标不同，如果公司的价值观不同，持续受挫、压力和失败的开端将导致它们最终走向死亡。

商业活动发生于全球市场。每个企业都必须决定自己在全球环境中的位置。

●选择留在国内市场打拼的公司必须评估其目前和潜在的顾客基础：有多少现有的或潜在的顾客来自其他国家，并且在这个群体里，有多少人需要特殊产品或服务？

●选择留在国内市场打拼的公司必须时刻提醒自己，全球的竞争对手正在将新的产品打入当地的市场。

●选择将产品打入国际市场的公司必须做出标准化的决定：你是否在销售你们国家的文化？你的产品是符合消费者的普遍需要还是根据消费者的不同需求加以调整？

●你是否足够了解你所设厂或建立零售店的国家以便有效地管理员工？

●你在决定自己的目标、价值以及合并公司文化时，是否仔细考虑过？

● 商业充斥全球市场。

锁定自己所处的位置。确定自己对目前的消费者有足够的了解。根据国内和国际的竞争对手调整战略。仔细评估有潜力的合作伙伴并花一定时间协调文化差异。记住，你正运作于全球环境中，成功的关键在于保持灵活性并永远关注消费者的需求。记住，全世界的消费者所关注的都是同样的东西——价值！

消费者要求产品和服务能够满足他们的需求。企业力求识别出在全球市场放之而皆准的需求。消费者寻求的是为个人需求量身定做的产品和服务。而在当今的全球市场环境，成功的关键在于决定在什么市场、什么时间、什么样的专用化产品是顾客所想要的、期望的。永远保持不败之地的关键是在这个瞬息万变的市场不断地关注成功所需的平衡点。你目前的顾客在当今市场的价值观是什么，与以往的价值观有何不同？你能回答下面这个至关重要的问题吗：“我能在什么地方实现产品或服务的增值呢？”

第二部分
以消费者为中心的范式组成要素

> “综合权力正在以悄无声息、势不可挡的势头转移到消费者的手中……‘消费伙伴关系’的形成需要零售商、供应商和消费者三者之间的配合。”
>
> ——彼德·林奇，《发展消费伙伴关系》，伙伴集团（Partnering Group），1999 年 11 月

当权力转变发生以后，整个商务流程里又需要相应做什么调整呢？首先，所有的参与者都必须以消费者为核心并以顾客的洞察角度明确发展方向。其次，确保长盛不衰的必要因素是加强供应商、中间媒介和零售商之间的合作。

本部分的三个章节，从供应商、经销商和中间商等各个行业角度，阐述了如何建立一个以消费者为核心的企业。其中科学技术广泛应用于各个商业行为、流程和环节之中。选择和应用科学技术不是一项计划，不是一个工程，不是一个系统，也不仅仅是一项技术，更不只是另一种形式的成本节约。它是对整个商业流程的改革。

在整个供需链中，所有参与者之间的合作是成功的关键，这意味着仅仅定位于传统直线型的供给链不再是成功的必经之路。第二部分分别论述了各个参与者（供应商、中间商以及零售商）以及他们之间的相互依存关系。第三部分将着重描述科学技术和商业流程。

第四章

供应商（供应商、制造者及生产厂家）

> “经过大量实践的检验与淘汰，大众市场已经不复存在了。”
>
> ——雷恩·马修斯，未来学家（Futurist），First Matter，LLC

多维消费者组成的分众、分化的全球市场给那些考虑经济化大规模生产的生产厂家提出了新的严峻考验。20 世纪 90 年代，由于企业采用的是即时生产经营哲学，他们开始将小型、灵活的生产技术融入企业。90 年代中期，食品杂货业和消费包装品行业（CPG）对供给链进行了重组。供应商需要获取有关目标客户群的全方位信息，这样他们才能推出在实际市场价值中进行竞争的产品，才能挖掘引进新产品的有效途径。[①]因此，他们便发展了以消费者实际购买需求为基础的生产决策流程和模式，从而制定了以消费为基础的“拉动式”货物补充体系。

> “传统的供给链管理的重点是供给链管理必须给需求链管理让路。这个道理很简单。采购消费者所要购买的东西——确保在消费者需要的时候提供充足的产品。”
>
> ——肯·福布斯，策略伙伴集团主席，《行政科技》，2000 年 5 月

新产品以日益增长的速率不断地挤入市场。20 世纪 90 年代中期，每年大约有两万种新产品进入食品杂货业和消费包装品行业。到了 2000 年，进入这两个行业市场的新产品超过了三万种。[②]与其说其中大部分是完全崭新的新产品，不如说它们是原有产品的线性扩充或扩展。新产品的推广费用是非常昂贵的，每种新产品的推广费用大约通常在 1500 万～2000 万美元之间。对于 80%～90%生命期不到 18 个月的新产品，其用于推广的费用将更加昂贵。在这个令人困惑的市场中，与十年前的消费者相比，现在的消费者的忠实度远远不及从前，他们频繁地更换着产品。

> “以消费者为动力的创新是我们的生命源泉。”
>
> ——宝洁公司，《市场管理研究（MMR）》，2002 年 2 月11 日

决定生产什么产品、产量是多少，在什么时间、以什么价位推出，是一个极为复杂的决策过程。衡量市场的竞争需求也是一项挑战。你如何选择在市场中将会取得成功的产品？你如何权衡产品的用户化和利润之间的得失？当你引入新产品的同时，为了确保公司整体产品类别不至于由于急剧膨胀而失去控制，如何决定应该删减原有产品中的哪一项？消费者的满意、忠诚以及持久力之间的区别在哪里？取得成功的关键所在是要具备权衡竞争需求的能力。

> “真正的突破来自于保持辩证的观点，允许一个人追求看似矛盾的两个目标。”
>
> ——《基业长青》(Built to Last)

你究竟要从何入手？企业需要做出四个决策：

1. 发展建立明确而连贯的使命和战略。
2. 采用合作式的商业流程。
3. 获取有关顾客和市场的知识。
4. 决定完成使命所需的工具。

使命和战略

如果你不知何去何从，那么任何决定都是正确的。在著名的神话故事《爱丽丝漫游奇遇记》里，爱丽斯在一个岔路口问赤郡猫：“我该走哪条路呢?”赤郡猫反问：“你想去哪里呢?”“我不知道。”爱丽斯回答。“那么，”猫说，“哪条路都无所谓。”

可以使用的工具数目正在以几何级数的速度增长，如受到管理层人士吹捧的新开发的软件程序、行业研讨会以及广告等。只有与公司使命和战略相吻合的工具才是适合你们公司的工具。仅仅为了效仿其他公司或追赶行业潮流而采用某种工具并不一定会使企业取得成功。

只有推动公司朝着使命与战略目标前进的新型工具和科学技术才

是实用的。在孤立状态下使用工具或科学技术无法成功。只有将工具、技术与公司使命和战略以特殊形式相结合，才能使公司踏上完成公司使命的漫漫旅程。

所以第一步是要了解自己公司代表什么，被消费者接纳的原因是什么？或者它想在消费者的心目中取得什么样的地位？

合　作

如果生产厂家希望成为根据消费者购买力作为货物补给决策基础的有效供给链中的一分子，合作式商业流程将至关紧要。在大众市场中的小批量生产和用户化产品需要与其他的商业组织和消费者合作，从而决定需要生产什么样的产品、生产数量、生产时间以及产品价位。成功的供应商、中间商和零售商依靠的是合作式商业流程。合作式的科学技术和工具将在本书的商业流程部分详细阐述。在当今社会环境中，认识到战略联盟和互助依存关系的必要性是至关重要的。

> “价值链供给方的简化和巩固方式必须由需求方的差异方式来进行补充。”
>
> ——《消费者价值管理》总结报告，普来斯古博公司（PriceWaterhouseCooper），1999 年

消费者和市场的相关知识

没有准确及时的有关消费者和市场的信息就不能够进行任何决策。所有的公司都需要以消费者为重点。无论你处在供给链的什么位置，及时准确的消费者信息是以可靠补给为目标的生产决策的关键所

在。数据扫描是知道消费者在购买什么产品的重要手段。无论你的公司与终端客户的距离有多远，此类信息仍是准确的生产决策的必要因素。

然而，此类信息并不能解释消费者的购物方式或购物原因。要想进行决策来平衡看似相互矛盾的目标，公司还必须了解市场的状况：

- 曾经尝试过什么样的革新？
- 通过对新产品的开发研究，什么样的消费产品和服务是确实可行的？
- 竞争对手或在其他行业领域的公司已经成功地运用了哪些商业流程？
- 什么样的新型科学技术有利于你们公司？

> "第一步是要确定你的终端客户——还有你所期望的客户——是谁，然后尽可能地去了解他们。"
>
> ——帕特丽夏·塞波尔德，客户公司（Customers. com），1998 年

每个公司都会制定出自己对市场有独特见解的使命和战略，同时确定公司的代表方针以及与公司每个组成成员（股东、客户、员工、供应商和社区）的关系。合作商业流程将在本书的下一部分细述。这一章仍以有关消费者的学问和市场变革为主题。

消费者的学问

作为生产厂家，你知道为什么最终用户会购买你的产品和服务吗？他们的喜好是什么？他们更喜欢什么样的适应个性的产品？或者你的产品或服务能够满足他们的什么特殊需求？你能确定自己在什么地方、如何给消费者带来增值效应吗？除了能够回答以上问题之外，你又如何设计消费者想要购买、使用，并愿意再次消费的产品和服务呢？如果你不能回答以上问题，你的顾客群体就会轻易地被那些拥有

革新产品和服务，并且能够更好地满足消费者需求的公司锁定。

调查研究传统上用于区分顾客中的相似人群，然后公司由此来确定细分目标。这些细分目标，可用相同的工具来做营销、广告和传播。然而，一个有“相同”顾客群的目标市场再也不能提供足够多的学问了。

> “随着客户对企业投诉的增加，客户的满意度指数在下降。”
>
> ——《华尔街日报》2001 年 5 月 21 日

当出生于“生育高峰”期的那代人随着年龄的增长而越来越关注健康问题时，他们的需求也发生了改变。[3] Datamonitor，一家英国消费者调查研究公司预测，消费者对维生素补充物的需求量将会降低，而对食物中含有成分可辅助治疗某些小毛病的产品需求将会上升。例如，贝内科尔（Benecol）声称可以降低胆固醇而益力多（Yakult），一种发酵的乳制品饮料，声称可以保持消化系统细菌的良性平衡。

1999 年，联邦药物管理局宣称，大豆可以降低心脏病的风险，但美国人不愿意食用传统的豆腐或豆浆等豆制品食物。[4]在美国以外的其他国家，豆粉已经被加入面包中食用。俄亥俄州立大学正在研究讨论将制作大豆面包的配方授权给面包店投入生产，并将产品在食品店、学校餐馆及小商店中售卖。与某个公司所提供的信息或与在某个地区所获取的信息相比，消费者个人现在拥有更加广泛的信息渠道，他们可以了解更多的供应商以及更多的产品和服务。在过去的两年里，大约有 204 种保健产品打入了世界各地的大型市场。如果有另一种产品或服务能更好地满足消费者的个人需求，他们就会放弃你的产品或服务。

无论是飞机、汽车或是消费产品，供应商都必须在用户化和降低成本这两个矛盾的需求之间做出选择。[5]虽然降低成本关系着企业的存亡，企业的成长与不断增长的用户化产品的开发却也息息相关。消费者、供应商和中间商都必须参与整个产品开发的过程，这样，才能使消费者在需要的时候，以他们愿意支付的价格得到想要的产品。供应商们面对的挑战是在控制成本的同时将产品和服务用户化。

实例

例如，日本国家工业自行车公司（NIBCJ）记录着每一位客户的个人资料，包括自行车款式、骑车频率、骑车的喜好、去的地点等信息。根据这些信息，NIBCJ 设计适合用户的个性化自行车，从轮胎面、手把、坐板、车轮、刹车到传动齿轮，甚至连喷漆的颜色都是定制的。[6]作为一名顾客，你是愿意去体育用品商店选择一辆厂家根据"典型的"山地自行车选手的理想产品评估后生产的自行车呢，还是愿意花 45 分钟时间回答问卷然后买一辆完全符合自己要求的自行车呢？当你再次选购自行车时将会选择什么地方：是去为"典型的"目标市场所设计的体育用品商店，还是去另一家个性化自行车公司从头到尾再回答一遍问题呢，或者是去上次已成功地为你设计了一辆自行车并保存着你资料档案的公司呢？如果公司曾经为你生产了一款非常好的个性化产品，并提供了良好的个性化服务，你会发现自己很容易再次光顾这家保留你个人信息档案的公司。个性化产品和服务是与顾客保持紧密联系的方法之一。

在满足消费者需求的工作中，个性化和利润的平衡是一个关键问题。并不是所有的消费者都需要个性化自行车或者愿意为之支付昂贵的价格。一项最先进的科学技术有多重要？自行车运动是一项严肃的体育项目？或者是一个赖以谋生的工具？还是一项重要的业余爱好？这些问题不仅决定消费者是否希望得到用户化产品和服务，而且还决定着消费者是否愿意支付昂贵的价格。

戴尔计算机为用户提供了两种选择：有限的客户化服务和特别的客户化服务。消费者可以在一定范围内选择标准的替换方案，用户挑选或指定组装的计算机将在合理的时间段送货上门（根据零配件到货所需时间、授权付款速度及客户选择的送货上门服务种类，所需时间短则几天，长达几周）。客户也可以在所提供的常规方案以外设计计算机。用户还可以要求定制符合自己特殊规格要求的计算机。但是送货时间相对要长一些，因为也许会缺少现成的零配件，也许要花更长的时间安装，更长的时间配置。只要客户愿意等待，他们就可以拥有根据自己特殊规格要求所设计的计算机。两种方案中，价格取决于所选择的配件。戴尔公司将把价目单提供给客户，以便于他们在设计电脑的时候在自己所能承受的价格范围选择零配件。

食品公司也针对消费者对便利的需求以及个性化饮食方案做出了回应措施。德尔蒙提（Del Monte）推出了可以反复密封的水果罐头。金宝汤业公司（Gampbell' s）不但拥有传统的浓缩罐头汤和墨西哥罐头汤，还推出装在易拉罐和可以反复使用的密封罐的汤。[7]通用面粉厂（General Mills）即将推出由消费者个人配制并命名的谷物产品。[8]消费者可以从 100 多种不同的成分中选出配制个性早餐的谷类并为产品命名。公司将在一至两周内将这种产品送货上门，为消费者提供（供一人一餐吃的）份餐。

消费者的期望由于那些提供个性化产品和服务的公司而越来越高。公司产品和服务的最终用户的直接回馈非常重要。如果你们公司没有满足消费者的需求，其他的公司就会满足。数据来源的综合极其必要，通常需要与其他公司进行合作。了解消费者是成功的关键所在。

用户回馈

获取回馈信息的第一步是 1－800 电话号码的引入。通过 1－800 咨询，消费者可以打电话向公司咨询、提出改进建议、投诉或下达订单。与消费者的双向式沟通方式在美国取得了巨大成功，电话公司也因为需求量的增加不得不增设了以 1－888 和 1－877 为前缀的两种电话号码。自动呼叫中心用在与潜在用户进行电话联系并接听打进来的电话订单、咨询或投诉，它的迅速普及导致了电话学（组合电脑和电话的技术）的诞生。

客户服务代表（CSRs）能够与任何地方的客户进行交谈。在客户服务代表接听电话的时候，只要电脑屏幕上显示了顾客所要呼叫的公司名字，客户服务代表就可以同时负责多个公司的电话。通过一些鉴定信息，客户服务代表能够回答有关顾客的账户问题或者通过电话接收订单。因为电话线可以连接到任何地方，所以呼叫中心不一定要设在总部，甚至可以聘请外来的独立公司运作呼叫中心。一个独立公司可以代表多个组织机构——只要计算机将相应信息下载到接听人员的电脑屏幕上。

实际上，呼叫中心的办公位置可以设在任何地方。例如，在毛花玻璃和幽暗的琥珀光线装扮下的绿青石墙的映衬下，客户资产（Customer Assets）办公室好像坐落在新墨西哥州的圣菲。一个职员正在接听电话："嗨，我是苏姗·姗达斯。"她流利的英语和略夸张的元音听起来真的令人以为她是在美国的中西部。当"苏姗"下班后步入班加罗尔（Bangalore）的大街时，如果作为一个游客，看到她有关个人履历的描述（如曾在伊利诺斯大学获得学位）或听到她所说的美国俚语，如："乔斯，没门"，那么以为她来自美国中西部的这种错觉便会更加强烈。[9]而实际上，这家呼叫中心设在印度。那里的员工通过收看许多美国当代电视节目秀（如《朋友》）来学习流行习惯俚语，并在工作中运用"纯正的美国"口语回答客户问题，从而营造一个虚拟的背景。只要公司的客户服务代表能够针对消费者的疑问提出解决问题的建议并与消费者建立亲切友善的关系，呼叫中心的地理位置选在哪里都无关紧要。还可以在距离相距很远的地理位置建立多个呼叫中心，利用地理位置的时间差，公司便可以提供每天 24 小时、每周 7 天的服务（24/7）。

然而从呼叫中心收集到的数据需要进行管理。了解哪个客户订购了哪种款式产品、多少数量、订购频率以及采用的付款方式等，都可以使公司决定哪些消费者是最有价值的。市面上从 1985 年就出现了有关客户关系管理（CRM）的软件。起初，这些软件主要侧重于潜在顾客开发流程和联络管理。[10]生产厂家可以对数据进行挖掘，从而确定消费者的购买时间、购买频率、购买数量以及他们对价格变化将做出何种反应，从而指导资金投入的方向和方法。例如，卡夫公司（Kraft）的行政人员针对特殊目标市场，比如那些百分之百的品牌忠实客户群，运用这些数据指导制定出了完全不同的市场营销组合策略。市场策略改变的结果使卡夫（Kraft）的年销售额增长了21%，毛利润上涨了9%。[11]通用面粉（General Mills）的网站允许客户调配个性化的谷类食品，他们不但要收集客户的历史购买数据，而且还要制定健康营养数据库以供消费者调配谷类食品时参考。

> “一对一的企业不再像以往那样期待着顾客利用提供的信息进行购物，取而代之的是，他们运用顾客的个性化信息资料预测顾客下一步的需求。”
>
> ——唐·派伯斯和马沙·罗杰，博士，《营销工具》，1998年

如今电话学和客户关系管理（CRM）软件均已相当复杂。公司可以将消费者分配给特定的客户服务代表；当电话铃响起的时候，电脑鉴别电话号码后将电话转接到指定的客户服务代表的分机上，在电话被接听的同时，消费者的客户信息便已显示到了电脑屏幕上（如：单位、历史订购记录、费用、付款期限等）。然后客户服务代表便可以用非常个性化的问候语与顾客打招呼，并根据消费者的客户记录、最近的购买记录和历史购买记录来回答消费者的问题。客户服务代表在长期与客户交往的过程中将会与一部分消费者建立牢固的关系。

对顾客表示关爱必须建立良好的一对一关系。检测消费者采用什么样的混合形式购物，或者也许更重要的是，检测消费者分别购买了什么样的产品，这样的信息可以为公司提供更多的商机。例如，如果你知道60%的消费者购买的是婴儿用擦拭纸巾而不是尿片，50%的消费者购买剃须刀却不愿意买剃须膏，41%的消费者购买牙膏而不更换牙刷，那么你就可以从中抓住商机，更好地满足消费者的需求并使他们在购买产品的时候获得物超所值的感觉。[12]

随着公司对国际互联网应用的普及，客户管理程序（CRM）软件能力也在不断扩张。国际互联网提供与终端客户进行双向交流的能力。如果公司在网站上张贴了联络信息，消费者就可以进行咨询，如果感兴趣便可以电话查询，寻求新的换代产品或服务，或加入产品研发的过程之中。当消费者遇到困难的时候，可以随时电话咨询，通过不断地提问和回答得到解决问题的方法。

> “现在可以根据顾客的个别喜好为单个的客户提供服务。”
>
> ——《市场划分一：技巧》，www.ideabe-at.com 2001 年 3 月 3 日

如果有聊天室，消费者之间就可以互相讨论遇到的问题、解决方案、后继困难与挫折或最佳的解决方案，从而在顾客群中创造一个社区的感觉。金百利—克拉克公司（Kimberly－Clark）发现，互联网是获得消费者个人问题，如尿床、月经、成人失禁等信息反馈的有效途径。与遇到同样问题的其他消费者进行交谈，或互相咨询，或从匿名人士那里得到建议，在这些过程中所建立的友情将减少消费者惶惑不安的感觉。[13]消费者之间的这些对话给公司提供了有用的产品调整或扩张生产线的信息。有些公司甚至建立了专门的网站，来回应顾客的新创意、新产品、新服务。

交流是了解消费者在想什么，他们为什么会做出那样的选择，以及为什么会产生负面效应的关键所在。当今的客户关系管理软件能够捕捉这些信息并与消费者的购物相结合，这样不但培养和保留住了忠实客户，而且可以对消费者的一生进行跟踪，从而测定消费者的价值观。由此，公司可以制定维护消费者权益的决策并同时保证自己的利润。但是，如果现有和潜在的顾客是惟一的信息来源，这样的信息收集并不算成功。

> “如果公司目前状况陷入了困境，那么他们就会越发朝前看，并且随时准备跳到新的领域中去。”
>
> ——艾米·康迪斯，《商务在线周刊》，2001 年 3 月23 日

市场变革

消费者喜欢变革并愿意尝试新鲜事物。然而，每年将近二三万消费包装产品（CPG）投入市场，使得消费者面对琳琅满目的产品反而无从选择。潘婷的产品种类有 72 种之多，光洗发香波和嗜哩的品种就令人眼花缭乱，以至于产品包装上的介绍越来越详细（如：“容量”

和“光滑、柔顺、光泽”词取代了“中性”或“油性”等简单的发质分类词语），而且宝洁公司还提供详尽的产品手册来解释说明潘婷特色营养香波、摩丝和嗜哩的用途。[14]这些产品种类的细分到底给消费者提供了更多的选择还是使消费者更加迷惑了呢？

> “针对性地增加正确的产品种类，技巧性地瞄准赏识产品的目标顾客群，这种方式是开拓边缘市场、增加营业收入、创造消费价值和提高顾客忠诚度的金钥匙。”
>
> ——《有效分类的过程和好处》，高效消费者响应（ECR）出版物，1996 年

1994～1995 年，为了确定消费者对日益减少的产品种类的反应（见表 4.1），宝洁和克罗杰（Kroger）合作进行了一项关于衣物洗涤剂的调查。经过调查库存品种数量（SKU）及其历史销售额，根据不同的市场划分，克罗杰和宝洁分别将陈列在货架上的库存品种数量（SKU）降低了 13%或 29%（依分类不同）。宝洁公司和克罗杰的销售额均有一定的涨幅，而且克罗杰的衣物洗涤用品市场份额也有所提高。消费者表示，他们原以为货架上的产品种类增加了。而实际上，商品种类是减少了，但是货架上陈列了更多消费者想要的商品。

表 4.1　　有效分类初步研究：洗涤品——宝洁与克罗杰

克罗杰的市场划分	旧的库存品种数目（SKUs）	新的库存品种数目（SKUs）	变化百分比（%）	宝洁的销售额	克罗杰的市场份额
路易（斯）维尔（1994 年 8 月）	106	92	−13	+15	+5
中部（1994 年 11 月）	106	94	−13	+7	+4
达拉斯（1995 年 2 月）	132	103	−29	+10	+8

资料来源：楚克西斯、布莱德和阿兰·汤姆琳（1997），在泽维尔大学为来自日本的食品集团进行的讲座。

差异甚微，但是数目庞大的产品种类令消费者疑惑。联合利华最近正在着手将其品牌组合由原来的 1600 种减少到 970 种，甚至更少。

恰当的品种分类是一项至关重要的决策，但是必须通过供应商和零售商共享数据，形成消费共识后合作完成。

看起来消费者对新产品都持欢迎和接纳的态度。高露洁—帕马利弗（Colgate－Palmolive）发现其38％的销售额来自近五年以来推出的产品，而其中61％的美国销售额来自最新推出的产品。[15]生产厂家需要意识到市场的变化并随时准备利用市场的变化。

> "我们讨论的产品生命周期为二到三年，甚至更短。我们所讨论的行业生命周期不超过十年。"
>
> ——塔班·蒙洛依，旧金山大学，《时代周刊》，1999年10月4日

生产厂家可能了解新观念、新技术和新流程。真正意义的变革必须包含能够从根本上改变产品、服务或流程的"全新思维理念模式、商业流程甚至是组织结构的裂变"。[16]通常这些根本性改变是不会在短期内被接纳的。让我们回顾一下历史上一些名人所说过的话：

- "所有能被人类发明的东西都已经被发明了。"（查尔斯·杜尔，美国专利办公室，1899）
- "对无线电广播的狂热将很快烟消云散。"（托马斯·爱迪生，1922）
- "钻井探油……你疯了吗？你的意思是钻到地下寻找石油吗？"（爱德文·德雷克，1859）
- "电视的生命不会长久的，因为人们很快就会厌烦每晚盯着一个木匣子看的。"（达瑞尔·扎纳克，20世纪福克斯，1946）
- "全球大约需要五台计算机。"（汤姆·沃特生，IBM国际商用机器公司主席，1943）

先进的科学技术总是看起来遥不可及。在科技巨大冲击下的人们将顾客的特殊需求转变成为现实。Napster（译者注：美国Napster网络音乐软件公司推出的软件名）的推出在音乐界引起了轰动，根据消费者的需求设计CD，Napster使顾客可以自选曲目制作CD，对于消

费者来说，这在以前是完全不可想像的。运用 Napster，消费者可以自制 CD 碟，不用再买那些唱片公司为了迎合目标市场顾客群的口味而选录制作的光盘了。

一项名为纳米的科技新领域，席卷了原子水平计算机的发明，它使混纺编织机进入到平常百姓的日常生活成为可能。例如，用于运动 T 恤的纳米科技可以使衣服监听心率，追踪体温和呼吸，在锻炼期间计算卡路里的消耗等。衣服可以对洗衣机“说话”，并对洗涤方法进行指导。衣领的全球定位系统（GPS）可以使你跟踪孩子的行踪。[17]采用一种新型合金材料制作的“智能衬衣”在感到太热时会自动卷起双袖。这些衬衣无需熨烫，使用吹风机的热量就能使这种新型材料恢复原状。这种衬衣的价格高达 3750 美元。[18]

在 Palo Alto 研究中心进行的研究为鼠标、图形用户界面（桌面图案）、激光打印机、以太网的应用奠定了基础。尽管施乐（Xerox）投资于这些产品的研究开发，但公司却不通过生产最终产品从中赢利。公司不但需要进行基础研究，而且还要鉴别可以给消费者带来价值并能够生产盈利的实用的突破性发明。

> “变革已经从一个好的创意转变成为了一种强制性的行为。”
>
> ——保罗·萨佛，未来学发展学会董事，《商业周刊在线》，2001 年 3 月 23 日

变革不一定总包含着先进的科学技术和创新产品的诞生，它还可能包含一个机构的重组、生产流程的改变或服务项目的增加。有时在公司完成使命的过程中，这些激进措施是必不可少的。例如百事可乐以生产无酒精成分饮料和小吃产品为主。在朝这个方向不断努力的过程中，百事可乐先后兼并了纯品康纳（Tropicana）公司和桂阁麦粉公司（Quaker Oats）[佳得乐（Gatorade）的所有者]。[19]

> “然而它是少有的一家愿意改变现状、摆脱已有成功产品、朝着更为激进的方向发展的公司。”
>
> ——克雷顿·克里斯汀森，《改革者的困境》

杰克·韦尔奇（Jack Welch）认为，服务是未来的一个方向，于是他廉价出售了产品生产线，收购了哥伦比亚广播公司（CBS），进入了金融服务和一些主要产品领域的综合服务之中。[20]例如，通用（GE）签署的引擎合同中，售卖的引擎不是一种产品，而是承诺“在合同期内保证引擎的正常运行水平，包括零配件、维修、引擎更换及资金——所有维持飞机正常飞行的费用”。[21]

甚至连宝洁公司也在尝试转入服务领域。在亚特兰大的试点市场，一家名为 Juvian 的公司经营洗衣接送服务，用户可以在一张特制的温泉洗涤价目单上进行选择，使衣物体验“无可言喻的豪华舒适”。Juvian 也包括其他服务，如干洗、室内装饰品洗涤、自我洗涤咨询或提供家庭自我洗涤与 Juvian 洗涤服务的价格对照单。[22]

> “机构开始在知识的武装下进行重组。”
>
> ——丹·拉斯穆斯，巨嘉资讯集团副总裁，《消费品科技》，2000 年 10 月

公司方向的调整，结合新产品的推出或服务经营思想的发展都是必须以市场发展趋势、消费者需求的变化和科学技术的应用为基础的决策。生产厂家需要从市场收集有关最终用户的信息，结合科学技术和新产品的研发来平衡竞争需求，锻造公司发展的未来方向。

通过合作伙伴和中间商不断反馈和信息收集，公司可以选择既能为消费者增值又能为公司创造利润的产品和服务。在相互合作的环境中，不断地收集信息、坚持以消费者为重点、坚持决策与公司目标的一致性，以及对成本控制的警惕性，这些都是供应商取得成功必不可少的条件。那些不能意识到变革需要和消费者需求变化的公司，将注定以失败而告终。

[illegible]（Jack W[illegible]）认为[illegible]

[illegible]

[illegible]

[illegible]

第五章

分销商（零售商、批发商、分销商）

> "所有问题的最终答案都将以一种奇特的方式——如果真的存在一个最终答案——从能够决定在何时何地购买、购买什么产品的消费者身上找到。只要消费者满意，独立还是联合，这些问题都毫不重要。"
>
> ——凯文·库柏，《理念冲击》，2001 年 1 月 2 日

在现代社会，要想分清零售方式的种类是相当困难的。因为食品杂货店已经扩张到药品领域，而且独立柜台经营式的药店也扩张到了食品领域，划分的界线已经开始模糊。克罗杰除了食品杂货店和"超市"以外，现在还经营百货公司和珠宝店。阿霍德（Ahold）除了经营食品店以外，现在在美国还开设了食品服务机构。宠物市场公司（PETsMART）也销售许多与沃尔玛和凯马特同样的产品。现在的便利店随处可见，并且他们同样售卖多年前街边小店售卖的产品。在购物中心的专卖店里，如威廉斯—索诺莫（Williams Sonoma）或玖熙（Nine West）的专卖店产品与百货公司销售的商品竞争。仓储俱乐部的建立最初只是为了向小型企业提供服务，现在却发展成向会员提供货色齐全的日用杂货的形式。种类单一的商店在过去的几年时间里以惊人的速度增长着（见表 5.1）。

> "现代市场中，零售商没有为产品增值作出任何贡献……他们所做的只是转买转卖着全国品牌一致的产品。"
>
> ——格伦·特比克，《代理业务备忘录（Agentry Agenda）》，1999 年

在这些变化中，零售店店主和经理为了增加营业额并减少成本，承受着巨大的压力。食品杂货店在 20 世纪 90 年代初就已经意识到自己身处困境。消费者在食品杂货上的花消不再大幅度增长（见表 5.2）。然而，消费者用于食品杂货上的费用却分散到了形形色色的零售店。这个行业要想生存必须寻找降低营运成本并为消费者带来价值增长的途径。

> “如今的消费者需要与以往的购物经验做斗争，这些购物经验形成于销售基本网络渠道以及从20世纪60年代发展起来的市场战略，而这些渠道和战略已不再能满足那些缺乏购物时间却拥有大量信息数据的消费者的需求了。”
>
> ——布鲁丝·韦斯特布鲁克，Deloitte & Touche公司，《市场管理研究（MMR）》，2001年2月19日

许多替代形式，如会员店和折扣店，成功地找到了以更低成本运营的途径。1992年和1993年，美国零售商、生产商、分销商、经纪人以及食品杂货和消费包装产品（CPG）行业的行业联合会通力协作检测行业状况。1993年1月，克特萨蒙联合会（Kurt Salmon Association）发表了关于《ECR——高效消费者响应：增强食品杂货行业消费价值》的研究结果，结果表明如果消除系统中的低效率的影响，至少可以节约300亿美元并且可以减少41%的库存。[①]研究指出了四个可以节约成本的领域：通过有效的产品分类可以节约42亿美元，有效的市场促销可以节约114亿美元，有效的产品开发可以节约25亿美元，有效的补给系统可以节约119亿美元。这个新的商业思维模式叫做高效消费者响应（ECR）模式，意思就是分销商和供应商通过合作提升消费者满意度同时降低成本、以消费者为导向的响应式系统。

表5.1　在各种形式的商店中购物金额较大、购物次数较频繁的消费者

商店种类	1999年（%）	2000年（%）	2001年（%）	2002年（%）
折扣店	22	26	28	28
仓储俱乐部商店	10	14	14	16
廉价、未装修店面	×	11	13	10

资料来源：《超市新闻》(9月17日)，大卫·吉特尔曼（2001）所发表的《冲向零售》的食品行销协会（FMI）报告，第9页，第12～13页；《美国发展趋势：消费者态度和超市》，华盛顿特区：食品行销协会，2002。

表 5.2　　每周家庭食品日杂开销（以 2001 年为基准）

年份	1996	1997	1998	1999	2000	2001	2002
美元	95	93	95	94	90	94	87

资料来源：同表 5.1。

> “现行的供给链不但浪费成本而且反馈效率也很低。惟一真正的解决途径是建立一个一体化的供应链。”
>
> ——拉尔夫·戴尔，已退休的宝洁公司副总裁，《理念冲击》，2001 年 6 月 8 日

通过检测作为统一流程的整个供应链，通过整个供应链的所有参与者的相互沟通，通过树立更好地满足最终用户需求的目标，整个系统才能更有效地运行，同时才能使每个人成为赢家：生产商、零售商、消费者以及股东（赢—赢—赢—赢）。然而，这种新型思维模式需要改变商业行为，并且其前提条件是消费者已经在零售货架上购买了产品。原来的工作重点是采购利润大的产品并将其储存到顾客需求的时候，而现在的方法是提供适当种类的产品并订购补给消费者实际所购买的产品。

这种新型的思维模式激起了小小的波澜：探索性研究、对新的商业行为的评估以及四十多本有关行业最佳实践的出版物陆续发表。这些书籍涉及各个专业领域，如作业成本法、高效备货、项目管理等，根据对新型的信息共享方式的评估、行为规范的检测以及执行状况评估来描述目前行业的最佳实践行为。这些书籍还描述了专业领域入门和精通所需时间、资金，以及投资成本回收所需时间等。本书第三部分将对其中特殊的实践行为和流程进行详细讨论。

> “高效消费者响应哲学已经在行业中根深蒂固了。它也许是商业主动性留下的最好产物。”
>
> ——迈克·圣所罗，食品行销协会资深副会长，《超市新闻》，2002 年 3 月 6 日

一个全新的企业范式

这个全新的范式导致了新的软件、硬件、商业流程、财务流程、人力资源政策、营销活动和管理流程。作为一个零售店的业主或经理如何在这些工具、技术和实践中做出评估和选择呢？零售店业主需要重组以下四个方面：

1．完善明确而相关的使命和战略。

2．采取合作式的业务流程。

3．获取关于消费者和市场的有关信息。

4．决定完成使命所需要的工具。

使命和战略

每个零售机构都需要树立自己在消费者心目中的地位。当消费者想到流行时尚时是否会想到你的零售店？还是想到你的零售店就联想到了体育器材？健康食品？婴儿用具？“货源充足”式购物场所？珠宝？能够迅速采购牛奶和面包的店铺？礼品？童装？你的零售店推出的促销政策是天天低价还是本周优惠策略？

> “1969 年排名前 100 强的百货公司连锁店中已经有 94 家出局了。”
>
> ——彼得·格特勒，德罗瓦特咨询公司（Deloitte Consulting），《市场管理研究（MMR）》，2001 年 2 月 21 日

沃尔玛在消费者心目中的形象是天天低价的折扣店。商店维持低价而且产品应有尽有，从五金器具、涂料、鞋、厨房用品、音乐制品、珠宝首饰到食品杂货，消费者都能在那里买到。通过创造供给链

的效率并发展与供应商的合作关系，其中包括共享顾客信息，沃尔玛才能为消费者提供低价商品。

Target 是定位于高端消费的折扣店，供应各种各样价格相对低廉，但档次高，款式、颜色流行的名牌产品。Target 与艾迪·鲍尔公司（Eddie Bauerr）合作，为了推广户外活动项目，创立了一条现代化、高品质的露营用具及配件生产线。[②]柯尔公司（Kohl's）也创立了一种居于折中百货公司品牌与折扣成本结构的独特方法。柯尔公司不再采用天天低价的价格战略，更多的是采用为消费者提供舒适的购物体验的促销手段。[③]

这三家成功的零售企业都把自己放在不同的市场位置，但他们的共同点就是都拥有明确的使命和战略。面对先进的科学技术、崭新的商业流程和新型的技巧，行驶在高速公路上的成功企业只会选择那些与公司使命、战略相一致的科学技术、流程和技巧。商务合作的方法便是这种新范式的一部分。

协　　作

协作包括共享信息、发展合作战略，或建立电子链接。零售商和生产厂家在这些共同协作的过程中主要采用的软件是合作规划、预测和补给（CPFR）。各行各业的零售商和生产厂家正在使用着这种软件的各种版本，如凯马特、哈德瓦公司（Ace hardware）、Best Buy，Canadian Tire、惠普（Hewlett - Packard）、金百利—克拉克（Kimberly - Clark）和先灵—葆雅公司（Schering - Plough）等。

几家零售店与互联网公司建立伙伴关系，一起处理存货，渠道和技术问题。Ahold（译者注：荷兰食品服务集团）的网上业务在荷兰已经实现了无亏损，在阿根廷也几乎实现了无亏损。Ahold 合并了 Peapod 公司（译者注：网上连锁商店）。双方都有对方所需要的一技之长，Ahold 拥有强大的尖端知识而 Peapod 公司擅长于互动营销。不过 Ahold

预言其2001年在美国的网络销售可以营利，事实却不尽如人意。2001年，Ahold的网上销售亏损3220万美元。[④]亚马逊（Amanzon）公司与玩具反斗城（Toys“R”Us）及Target公司建立了合作伙伴关系。合作关系使亚马逊公司扩大了产品供应品种。玩具反斗城和Target公司把自己已有的店面和销售渠道能力与亚马逊公司的科学技术加以结合。

协作的形式将在本书的第三部分详细论述。协作实例将贯穿本书各章，从而深入普及这种新的商业流程。

消费者和市场知识

成功的零售商需要了解自己的消费者是谁，他们的需求是什么，他们如何购买产品和服务以及他们的需求是如何变化的。同时，零售店还要与不断更新发展的科学技术与商业流程齐头并进，这样才能随时调整战略，确保自己在完成公司使命的路线上不偏离。

消费者知识

在数据收集、分类、分析或传输过程中，科学技术的应用无所不在。以行业最佳实践为题材的书籍不下四十余本。对公司业务产生积极影响的工具和实践的组合包括，选择能成功完成公司使命的工具和流程。

例如，如果你想给特定的消费群体提供优惠的价格，那么你可能就要把重点放在能够提高效率的工具和流程之上。如果你想给消费者提供最好的选择，那么你可能就要把重点放在最佳方式的产品分类上。

如果你清楚自己的目标以及公司想要针对的消费群体，那么你就能面对大量的选项、信息、意见和建议，从容地决定哪些工具和流程是最适合自己公司的。世界上不存在使命和目标刚好完全一致的两个公司。因为每个公司所要达到的目标不同，所以没有两个公司会运用完全一样的工具和流程。成功的关键因素在于选择能出色完成公司使命的工具。

第二章描述了市场的分众、消费者人口变化和需求变化，以及了解消费者的多元化的必要性。这一部分考察了消费者从零售店购买产品和服务的本质变化。总而言之，消费者前往食品杂货店或商场购物的次数在降低，在那里的购物时间也在减少。因此，你如何才能吸引他们前来惠顾，如何又能使他们在光顾的过程中购买商品呢？第一步首先是要了解你的消费者是谁，他们想要的是什么。

在过去的五年里，家庭每周用于食品杂货的费用基本维持稳定（见表 5.2）。然而零售店却发生了改变。另外，消费者出于不同的购物动机光顾形式各异的零售店（见表 5.3）。虽然许多消费者（66%）会前往囤积杂货的食品日杂店购物，几乎有一半的消费者（45%）为了节约的原因会前往折扣店买东西。虽然大约有 2/3 的消费者（39%）由于便利的原因前往食品杂货店购物，也有三分之一的消费者出于同样的动机光顾便利店（38%）和折扣店（34%）。根据你自己的使命和战略，你需要决定你所期望的消费者是谁，他们前来购买的商品又是什么。

> “如果超市不再供应消费者所需要的熟食，过不了多久他们就不会再来光临了。”
>
> ——布赖恩·索德斯，《市场新闻》，1996 年 5 月 20 日

当消费者选择某个食品杂货店、便利店或折扣店购物的时候，什么样的衡量标准对他们来说才是重要的呢？一项关于食品杂货店的研究调查表明，价格只是消费者选择某个商店的原因之一，甚至于它也不是消费者用来进行衡量选择最常用的标准（见表 5.4）。诚然，价格是价值方程式中的一部分，但它也只是这个方程式的多种变量之一而已。每一个零售店都必须决定有哪些变量属于自己消费者群价值方程式中的组成部分，并且各个变量的重要性是如何。

> "消费者已经表态，其中有 2/3 的人表示他们不喜欢去食品杂货店购物。"
>
> ——罗勃特·布林道，那比斯科公司（Nabisco），《行政科技》，2001 年 4 月

小型独立商店的业主通常知道哪个消费者喜欢什么样的产品和服务，并了解他们的消费习惯。然而，大型零售店却发现，要想弄清楚这些信息相当困难——经理不会亲自去了解所有的消费者，不会知道每个消费者的喜好，也不知道消费者的购物周期。

表 5.3　　消费者光顾各种形式食品日杂店的原因 *

店铺形式	便利（%）	囤积食品日杂（%）	囤积非食物货品（%）	特殊产品（%）	节约与折扣（%）	从未光顾过这类商店（%）
便利店	38	2	5	6	6	33
折扣店	34	15	33	25	45	7
药店	24	5	18	25	19	31
超市	39	66	21	20	36	2
仓储俱乐部	7	17	15	9	24	53

资料来源：《超市新闻》（2001 年 9 月 17 日），大卫·吉特尔曼所发表的《冲向零售》食品行销协会（FMI）报告，第 9 页、第 12～13 页；《2001 年美国发展趋势：消费者态度和超市》，华盛顿特区：食品行销协会，2001。

*　由于采用的是多项选择答案，所以数字百分比总和不是百分之百。

表 5.4　　消费者选择某个商店的原因

标　准	百分比
干净/整洁	95
高品质的农产品	90
高品质的肉制品	88
亲切礼貌的员工	82
低价位	78
便利的位置	77

资料来源：食品行销协会，《食品营销行业演讲》（1996 年 5 月 6 日），IL：食品行销协会。

自从大多数零售店使用了扫描器以后，大量的信息随手可得，包括消费者购买了什么产品、购买的时间，以及数量等。如果你建立了消费卡片用来识别用户，你甚至可以断定哪个家庭买了什么产品，购买量又是多少。通过对这些数据的分析可以得到有价值的信息，包括消费者的购物频率，他们每周的星期几前来购物，什么时候应该提前备足货物迎接消费者们的购物，他们什么时候会来采购某种商品，什么样的产品用小包装比较畅销，或者什么样的产品组合在单程购物中会被选购。

> “最终，消费者除了需要低价格，更需要高价值、高品质的产品，以及购物环境中优良的服务。商场中价格竞争作为促进购买力的动力，其作用正在逐渐减弱。”
>
> ——埃德·科莫尔，帝杰集团（Donaldson，Lufkin and Jenrette）副总裁，《改革食品商》，1999 年 3 月

当贸易伙伴共享信息时，对这些数据的挖掘尤为重要。食品日杂生产联合会与普华永道（Price Water house Cooper）发现，生产厂家和零售商之间有效的合作伙伴关系、有效的信息共享与分析，能够使销售额至少提高 10%，并且双方在某些产品种类的毛利润上均有增加。[5]挖掘数据，寻找消费者与他们所购买产品之间的联系可以以消费者的远见卓识来引导更为精确的市场行为。

大量的零售店已经建立了属于自己的网站，为消费者在购买产品或服务的同时增加了另一种选择：网上购物。有的零售商建立网站是为了开展一种更行之有效的与消费者面对面的成本节约方式。波斯顿咨询集团（Boston Consulting Group）发现通过网站向市场现有用户销售的成本是 7 美元，相比之下，向一个新的网站用户销售产品的成本为 34 美元。[6]消费者在网上购物的原因各式各样（见表 5.5）。再者，价格对于某些消费者来说是一个重要的因素，但不一定是最常见的原因。对网上购物来说，速度很重要。BizRate 公司发现 60% 的在线购物网站甚至没有使用订单自动应答系统，而只有 30% 建立了 24 小时内回复电子信件的消费者支持系统。One Harris 的调查发现，如果消费者在第一

个24小时之内没有得到答复，那么消费者对网上购物的满意度将大打折扣。

无论你是从网站、扫描器的数据、独立的市场研究公司还是生产厂家那里收集数据，你都能够运用这些信息更好地理解不同消费者的需求。例如，你可能发现有的消费者每个月只购买一次狗粮，或者有的消费者过去曾在你的商店购买纸制品而现在却不再购买了，或者本周在店里购买新生婴儿食品的消费者将在接下来的六个星期内购买婴儿果汁包，或者有的消费者在你的商店购买除了尿不湿以外的所有的婴儿产品。产品分类决策，货物补给决策以及市场沟通战略都能以这些信息为基础。

零售商为了建立自己商店的忠实顾客群，最常用的方法之一便是使用贵宾卡。根据Deloite and Touche的调查研究显示，64％的美国零售的佼佼者采用贵宾卡。但是，大多数消费者有一大堆“贵宾卡”，所以他们可以享受不同零售店所提供的优惠。消费者也许会比较困惑，他们不得不携带如此繁多的卡片，还要明白当购买了五项产品之后可以免费获取第六项产品，或是否在规定的时间之内购买了正确数量的产品以获取特别礼物或折扣。在许多情况下弄清楚或使用贵宾卡对于消费者来说是一件烦琐的事。

> “美国典型的购物者现在常用的购物卡不超过三张。”
>
> ——大卫·平多，《市场管理研究（MMR）编辑，2000年3月20日

表5.5　　网上购物的主要原因

原　因	百分比
我可以在下班时间购物	74
节约时间	68
省去了去商场或商店的路程麻烦	67
我可以在我居住的地方没有的商店购物	66
我在网上发现了更优惠的价格	57
我可以在没有售货员的压力下购物	54
产品对比更简便	50

资料来源：《简单式的便利》，《今日美国》（2000年11月）。

贵宾卡使零售商可以分析家庭购物数据。运用这些数据，独立的零售商意识到向所有前来购物的消费者提供统一的折扣并不适合每个个体。由于不能满足消费者个人生活方式、需求和口味的要求，普通的贵宾卡所提供的由零售商或生产厂家所决定的某种商品的折扣就不一定能达到消费者的需求。所以零售商采用客户忠诚度分析系统（S&H Greenpoints）并提供消费者可选择的礼品目录。[7]每一张收据都显示忠实度积分总额，因此消费者很容易了解积分情况。对照目录，消费者可以看到距离自己喜爱的礼物还差多少积分并计划到商店获取想要的点数。另外，零售商还可以鉴别每个消费者的价值。在情人节，排名前500位的消费者将收到一打红玫瑰。

> "沃尔玛不制定顾客忠实度计划，因为我们不愿意造成消费者歧视。我们不会向两个消费者提供不同的价值。"
>
> ——凯文·特纳，沃尔玛副总裁，《连锁店时代》，1999年7月

另一家独立零售商运用软件来收集跟踪消费者的购物情况并制定顾客忠实度计划。通过一定的市场行为来直接迎合购买力最强的消费者，并刺激购买力较弱的消费者购买更多的产品或使他们的购物频率更加频繁。这家零售店的利润增加了63万美金。[8]

有些零售商通过开发个性化商标品牌来增强顾客的忠实度。要想使这项战略生效，你必须了解你的消费者，知道他们需要什么，并决定以什么样的个性化商标品牌作为主打产品。如果你已经拥有了一个令消费者满意的产品，那么他们想要再次购买这个产品就不得不再次光顾你的商店。惟一能购买亚利桑那牛仔服（Arizona）的地方是全美连锁百货公司（JCPenney）；惟一能购买 Private Selection 的地方是克罗杰商店。如果消费者成为了个性化品牌的忠实用户，他们也会成为某个零售店的忠实用户。

正如小商店店主了解他们的消费者，了解他们的口味，以及他们的购物习惯那样，现代的零售商同样也能具备这样的知识。由于规模的原因，要使每个店主或经理在自己脑子里记住所有的信息已经不太

可能。因此，那些各种各样能够收集有关信息、使零售商可以对消费者达到同样了解程度的软件，便成了必不可少的工具。毕竟，你的消费者是你最宝贵的财富。

市场知识

根据密歇根商学院美国消费者满意度指数，消费者对零售组织机构的整体满意度——包括商场、折扣店、超市、快餐店以及加油站——在 2000 年的第四季度，下降了 0.5 个百分点，对超市的满意度下滑了 1.4 个百分点。[9]在一项纵向研究中，安德森咨询公司（Andersen Consulting）的报告指出，对到商店购物表示满意的顾客为 60%，对通过产品目录订购产品表示满意的顾客为 56%，相比之下，对网上购物表示满意的顾客为 73%，在总体满意度排名中名列第一。[10]这些发现，加上一些显示消费者愿意在网上购物，而在商店购物次数与时间均有下降的分析指出，零售商需要好好思考为什么消费者对在商店购物的满意度大不如前。

许多零售商开始反思消费者的购物感受并实施了某些替代形式和/或创新。其中一种方式便是使零售店变得具有“家庭温馨感”。这种方式范围非常广泛，包括为孕妇提供特殊停车位，为儿童提供涂色、画画、与玩具玩耍的额外空间，可以捆绑在双轮手推车背后的增加座椅。有的零售店还提供老年人用的电动推车和儿童尺码的购物车或是类似赛车的儿童座椅。这些创新的目的是在商场提供让家庭的每个成员更便利、更趣味盎然的购物环境。

食品行销协会（FMI）指出 70% 的购物决定是在商场内进行的。[11]如果这个假设成立，当消费者购物的时候，与消费者品位一致的产品演示对于个人的购物感受将具有很强的暗示作用。

有些零售商正在试验应用科学技术给消费者提供信息并进行促销。例如，Hy－Vee 公司安装了店内无线网络用来连接许多经过特殊加工的手推车。通过使用车上的显示器，消费者可以寻找某个产品在店内的位置，收看新闻或天气预报，查询促销特价产品，或比较卖场独家售卖品牌和生产厂家品牌的区别。在一项关于未来的计划中，当消费者的个人编码被输入到零售商的系统里时，根据消费者的历史购物记录，消费者将会收到针对他们所设计的促销活动通知。

3Com、苹果、康柏、因特尔、朗讯科技公司、NEC 和飞利浦都是从事家庭网络产品的厂家。有些个人电脑、电视、数码摄像机、打印机及设备需要互相连接并与互联网连接。消费者既可以通过专卖店订购产品或补给用品，也可以将自己的网络设备与某个专卖店自动连接补给用品。消费者可以配置自己的个人电脑、使用特殊组装配置，或到某个零售商的网页上（如克罗杰）去搜索配置。厨房用具经过改进添加了扫描设备，这样就可以记录陈列在货架的产品，一旦扫描仪扫描到空容器，便会将补货单发送到专卖店。[12]

个人数码小秘书和潜力巨大的无线宽带科学技术，使消费者可以在任何地方订购服装、玩具、食品日杂、成套产品，甚至预约美发、焗油，或送货时间。零售商也可以在顾客喜好的产品到货时或俏销时与个体消费者直接联系。

> “创新的购物体验和产品将赢得个体消费者的忠诚（和红火的生意）。”
> ——格伦·特比克，《代理业务备忘录》，1999 年

自从购物体验成为了价值方程式的一个重要部分，并且消费者不再对自己的购物体验完全满意以后，大量的零售商开始尝试做出重大的形式改变。例如，艾伯森（Albertson’s）公司将现实生活、戏剧以及虚构作品中的购物体验进行了比较，得出的结论是商店的气氛将会使消费者对整个商场的评价具有戏剧化的影响。艾伯森公司一家新开张的商店设立了不同的购物区，如“饮料林荫道”或“小吃城”，通过灯光和绘画的效果营造出一幅小城市的街景。为了吸引纯粹的感官体验，有的艾伯森商店还设立了充斥着浓浓的新鲜面包、甜饼、蛋糕香味的“摩挲糕点屋”。[13]

> “消费者需要新鲜的产品……他们需要新鲜的玉米饼和沙拉。他们需要芥末。他们需要寿司。他们需要在餐厅里所见过的所有产品。”
>
> ——大卫·比内特，Mill Valley 的共有人，《超市新闻》，2001 年 3 月 26 日

为了让消费者留下更加生动有趣的购物感受，为了调动所有的感官，为了创造激动人心的体验，商家尝试了各式各样的方法。Wegman's 加设了一条超宽的新鲜食品走廊，大约占整个销售铺面的1/3。在这条走廊中既有法式蛋糕、面包（新鲜出炉面包），以及美味的乳酪的厨艺展示，又有创新的鲜制产品的样品陈设。位于俄亥俄州代顿的桃乐西小巷（Dorothy Lane）由于它的“杀手”布劳尼而闻名，每个售价＄1.99。桃乐西小巷（Dorothy Lane）每周要售出 4000～5000 个布劳尼。V. 理察德（V. Richards）开了一家“新鲜食品店”，专门售卖包装好的主菜、配菜以及餐后甜点。每家店都创造了一个别具匠心的店面形象，给消费者宾至如归的感觉。

并不是只有食品杂货店在朝着这个方向发展。2001 年元月，史蒂夫·乔布斯曾发表评论说：“最糟糕透顶的购物体验不再是买车时；现在是买电脑时。”当年夏天，第一家苹果零售店以一个崭新的目标迎来了它们的开张：“光顾苹果专卖店，学习新鲜事物，体验驾驭 Mac 的感觉，激发自我创造的火花。在这里购物的每时每刻都会使你感觉像使用 Mac 一样充满意义。”在这些商店里的每样产品，从数码照相机、MP3 播放器、个人数码小秘书到计算机（iMacs，G4 Towers，Powerbooks 和ibooks），均是悬挂式展示。商家鼓励消费者试机：他们可以收听音乐，体验宽频影院、发烧 CD 碟，或者在电影厅观看影展，甚至还有技术专家在“天才之吧”现场回答问题。[14]与那些新型食品店的理念一样，这家零售店把自己设计成消费者之家的形象，消费者可以参加各种活动并且感受产品。要想让消费者光顾你的商店，你要拥有充分的理由说服他们。

当将理念推广到其他国家的时候，商家需要意识到理念的效应不会马上出现，而且不是所有的理念都适合介绍给其他文化。当威尔森

（Walson’s）宣布要在伦敦机场开设一家威尔森皮革专家零售店（The Leather Experts）的时候，他们预期需要的时间为两个月，而实际上却花了六个月。[15]产品调整、空间以及商务问题，如税务等都需要时间去了解，从而寻找最有效的方式来完成。

沃尔玛将自己定位于天天低价的零售店，为了赢得销售额和市场份额，当它在德国宣布1000种产品的价格将实行降价的时候，却遇到了麻烦。德国企业联合办公室命令沃尔玛、阿尔迪（Aldi）以及丽迪（Lidi）停止以低于成本的价格销售基本食品。德国政府认为自己与商业的关系完全不同于美国政府。美国政府的目的是确保企业不能联合起来垄断市场从而损害消费者的利益。相反，德国政府认为消费者的短期利益（如低价格）将无法弥补对整个国家零售竞争气候的长期伤害。[16]

衡量尺度和绩效

这种新的合作式的、以消费者为核心的商业思维模式包含商业流程、商业行为和政策的重大改变。公司需要灵活地进行调整以适应变化的消费者需求、科学技术的出现和合作式的行为。员工需要改变他们日复一日的工作行为举止以适应变化的商业流程。目前企业和员工绩效考核系统并不能促进灵活多变的商业行为。

> “我们现在正在迈向信息时代，我们运作的已不再是个案。”
>
> ——迈克·贝尔格曼，Wegman’s公司仓储和销售总裁，《超市新闻》，2001年10月15日

如果这个新型思维模式所要的商业流程和业绩与以往完全不同，就需要新的业绩衡量标准。企业对信息咨询、投诉、订单做出回应，或决定消费者的满意度、忠诚度和利润率。除了衡量他们自己的个人业绩外，企业还需要检测与其他企业合作时目标的完成情况。这些问题和利害关系对所有组织机构都是非常重要的，需要给予高度的重视和关注。在第三部分的第八章和第九章将分别对企业内部流程和合作

流程进行更深入的论述。

> "昨日传统的智慧和理性的答案不再服务于今天受困扰的食品行业——而且明天的状况将更加不可预料。"
>
> ——瑞安·马修斯，《改革食品商》

零售业主有很多机会可以选择：向国外市场扩张、先进的科学技术、提供新产品或服务、替换店面形式，或者寻找有潜力的合作伙伴。我们很容易得出结论，不是所有的选择都会适合你的商店。然而哪些选择适合你的商店却很难判断。你首先需要回答以下问题：

- 你希望自己的零售店代表什么？你想将它设计成什么形象？它在消费者的生活中能起到什么样的作用？
- 谁是你的消费者？他们光顾你的商店所期望的是什么？
- 哪些消费者对你来说是最有利可图或最有价值的？他们的特征是什么？
- 是什么原因使消费者变得与以往不同？你能为你的消费者提供个性化产品、服务或进行交流吗？
- 你能够在什么地方如何为消费者增值呢？

与新的发展趋势齐头并进是至关重要的。但是，你不必尝试所有的方法。当你确定了自己的使命和目标，当你对所有可以使用的消费数据进行分析了以后，当你了解了消费者的共性和差异以后，当你明白谁是对自己最有价值、最有利可图的顾客以后，你就可以选择最适合自己零售店的技术和经营形式了。科学技术是帮助你完成使命的"工具"或"启动器"。

第六章

中间商（经纪人、代理商）

> “代理商……意味着提供最好的购物体验，是否要采用新形式、新的销售办法、自用品牌、增值服务、‘以消费者为导向’的市场渠道以及其他许多变革方式。”
>
> ——格伦·特比克，《代理业务备忘录》

企业和消费者既可以从距离自己地理位置较近的公司，又可以从在互联网上设有网站的任何一家公司购买产品或服务。选择的先后次序表现出思想上的犹豫不决。对每个公司、产品和服务可靠性进行评估是一项艰巨的任务。面对这项令人望而生畏的工作最简单的反应就是不购买任何东西。另一种反应是信赖名牌产品、服务和零售店，或者是在下订单之前花时间调查每样产品、每项服务或每家零售店，或者选择在价格最低的任意一家零售店采购，再或者就是委托第三方花时间对已有的供货方进行分类，并提出建议或提供替代产品评估报告。

> “正如那些推行‘私人采购员’为其忠实顾客服务的时尚零售店那样，代理知道某个顾客的所有喜好；代理可以建议互补商品，而且购物者也愿意信任代理提出的建议。”
>
> ——格伦·特比克，《代理业务备忘录》

最后一种选择表示启用了中间商。中间商通过提供轻松便捷的方式获取产品、信息和解决方案，从而帮助消费者和机构组织。也许你会联想到经营有关固类醇产品的中间商《消费者报导》。正如《消费者报导》那样，中间商可以对产品、服务或零售店进行评估。与《消费者报导》不同的是，中间商可以主动的——他们可以引导消费者去某个商店或某个网站购物，他们甚至能够让消费者直接从中间商那里采购。另外，有些中间商只是在消费者和企业运用的技术不同时，协助他们双方进行相互沟通而已。这是一种新型的商业互动形式，这样的形式也是千变万化的——从帮你购物的“私人采购员”到互联网上帮你进行机遇评估，再到某个供消费者进行充分选择的网上购物商店。中间商不但在企业对企业（B2B）的商务中极为重要，而且在企业对消费者（B2C）之间的商务中同样重要。在这两种情况中，中间商都是通过达到双方交易的便利而体现自己的价值。

> “新成立的交易网如 yet2 网站、专利级许可证交易（plx.com）……正在探索创新全新的进行买卖、专利创意和知识产权的场所。”
>
> ——阿米·康蒂斯，《改革大师》，《商务周刊》，2001 年 3 月 23 日

中间商存在的意义可以通过以下的一种或多种行式表现出来：

1. 为消费者预见或传递价值。
2. 捕捉消费者的“瞬间冲动”，从而使消费者和生产厂家双方受益。
3. 通过提供获得信息和解决方案的现成渠道来解决不确定性。
4. 使货架上大宗产品的补给更加便利。[①]

某个中间商可能执行以上的一个、几个或全部职能。

评　估

现在有些网站可以帮助消费者找到出售自己想要的产品的店面，包括产品在专卖店的售价等；有些网站还对产品和零售店进行评估。例如，cnet.com 提供计算机硬件、电子和软件产品的评论。根据对每项产品的特点描述以及优缺点，在 1～10 的范围内评出等级。前来网站浏览的访客可以要求进行某些产品对比，并找出产品的价格。对于那些对生产厂家、产品或评估标准的知识了解甚少的消费者，cnet.com 提供一项颇有价值的服务，它建立了帮助消费者查寻各个生产厂商网站、阅读每份产品说明、建立选择评估标准、对每项产品进行检测、寻找相关产品评论等的服务。消费者通过浏览网站上每项产品相关评论，便可以更好地决定哪个产品才是最适合自己需求的。

> “新的网络化的竞争对手将会从国际互联网着手，使互联网成为公司网络的统一运作工具。”
>
> ——帕特里克·L. 凯尔曼，Day / Kierman & Associates 总裁，《食品物流》

cdnet.com 和 zdnet.com 两个网站所提供的服务略有差异。当消费者已经清楚地知道自己想要购买的产品时，cdnet.com 和 zdnet.com 都可以提供硬件、软件和电子方面有价值的服务。一旦消费者确定了要购买某个产品，cdnet.com 将列出可以购买到这种产品的商店（零售店和网站），以及各个商店的售价。消费者就可以从中找出价格最便宜的零售店或曾经打过交道并留下良好印象的零售店。如果消费者碰巧对所列的零售店都不熟悉，cdnet.com 还提供另一项服务：给每家零售店打分。使用此网站，消费者能够权衡购物价格和零售店可信度，并决定去哪家购物……消费者的选择不一定总是价格！

> “山姆·沃尔顿让我们明白了消费者就是我们的老板，而沃尔玛的采购员是消费者的代理人。”
>
> ——沃尔玛，《超市新闻》，2001 年 11 月5 日

有些 B2B 网站充当着一个门户的角色，为各个公司提供各式各样的服务。例如，有些是为便利店提供服务的门户，如内勤系统、购物订单流程、参加拍卖的能力或信息提供等。[②]另一种形式的中间商就像 WebMD（译者注：美国一家医疗网站），它的目的是在医生、病人、医院和保险公司之间建立通畅的流线型卫生保健通道。[③]不论是什么行业，中间商在传递信息、评估选项和促进联系方面都扮演着举足轻重的角色。

购物体验

生产厂商和零售商都建立了便于消费者直接购物的网站。这些网

站包括创造需求和实现需求两个领域。在两种情形下，联手合作都是必不可少的。

也有个别生产厂家，如卡夫食品公司（Kraft）、那比斯科公司（Nabisco）、桂阁麦粉公司（ Quaker Oats）、保洁公司（Procter & Gambel），都在自己的网站设立介绍产品的单独网页。虽然厂家可以利用网页向消费者提供消费建议，例如当你的宝宝得了尿布湿疹时应该怎么办，或者是一些与食谱同步的营养信息，但是通过网站向消费者直接销售产品也许会危害到与现有销售商和/或零售商之间的关系。因此，这些生产厂家都不会在网站销售可以在零售店购买到的产品。

然而，如果网站工作良好的话，不但可以创造购物的便利条件，还可以创造激情与趣味性。如果消费者已经做好准备进行购物，那么生产厂家就要善于利用这种购物需要。这些生产厂家利用 NetGrocer.com 网站引导那些对自己产品感兴趣的消费者。④有些情况下，忠实消费者可以在网站买到由于销量太小不再在零售店售卖的产品。例如，通过 NetGrocer 与卡夫公司（Kraft）网站链接，可以买到低能量糖。

有些厂商仅仅通过互联网销售产品。例如，Reflect.com 是宝洁的一家网站，专门销售订制的化妆品。一旦消费者进行了注册，其中包括完成一份用来建立个人档案的问卷调查，数据库便会保存每个人的购物记录。隔一段时间，消费者就会收到关于特价商品、新出产品或以前购买过的产品的促销通知。作为中间商的这些网站会采取各种措施，创造和捕捉消费者的“瞬间冲动”，同时也更容易保证自己的主打商品随时都货源充足。

还有些网站采取主动的工作方式，以中间商的身份告知消费者他们可能感兴趣的新产品及特别促销政策。例如，亚马逊公司（Amazon.com）和网络书店邦诺（Barnes&Noble.com），都使用软件跟踪消费者购物，并会主动发电子邮件通知消费者他们感兴趣的、已经到货的新产品名称或提供给消费者优惠的价格。

其他的零售商也纷纷与现有的互联网公司联盟，通过更好地控制需求创造和需求实现这两个过程达到为消费者提供更多价值的目的。

例如，亚马逊公司（Amazon.com）与玩具反斗城（Toys“R”Us）和 Target 公司建立了合作伙伴关系。玩具反斗城和 Target 都可以提供比亚马逊公司网站系列更广的产品。玩具反斗城和 Target 通过雇用亚马逊公司的专业人员从而能够更好地控制网上订单及运货流程。通过合作伙伴关系，所有的机构组织都能从中受益，而且消费者也可以更简便地选择任何一家零售商的网站寻找自己感兴趣的产品，并通过网站和亚马逊公司的技术方便地下订单采购。

> “在‘理想状态的市场’中，‘价值链’比供给链要更加重要。”
>
> ——格伦·特比克，《代理业务备忘录》

行业交流

有些 B2B、B2C 的贸易以更好地控制产品运输为重点，从而为消费者提供价值。例如，Americold 物流公司、美国冷藏公司（Uninted Stated Cold Storage），服务工艺公司（Service Craft），以及综合物流监控公司（Total Logistic Control）对产品的运输进行跟踪，从订单的签订开始，到由哪台生产设备生产，通过什么送货流程，最后运送到消费者的手中，甚至还包括为相关公司提供补充信息。[5]消费者和厂家双方都能获得这些信息，所以他们都知道在整个过程中产品到达了什么地方，从而达到最大限度的运作透明化，并对其进行控制。

> “回程运专利将继续挑战运输行业，但是必须承认的是贸易本身可以起着使复杂情况简单化的作用。”
>
> ——丹·雷弗特瑞，Prime 咨询顾问公司总裁，《食品物流》，2001 年 4 月 15 日

Nistevo 是一家互联网论坛，专门为托运人和承运人提供信息交流场所，从而提高满载运输的货车数量。Logistics.com 是一家提供分

析的互联网站，是托运人和承运人之间的联络人。[6]这两家公司都瞄准了将机构组织集中在一块儿，从而达到信息交流，更好地控制操作流程，并创造额外效率的商机。

例如，通常一般的厂家可能只与10～100个托运单位保持业务往来。通过与450000个运输单位沟通，厂家将获取更多的信息并可以使成本显著地降低。[7]另外，通过网上跟踪、确定时间、安排计划的中间商还可以提供回程载运的机会，从而减少在回程中空驶的货车数量。通过交流，这些中间商不但提供了信息，而且还评估行程安排的可行性，同时提高了效率。

全球网络交流（GlobalNetExchange）是一个为零售商和供应商设立的在线交流的网站，得到了克罗杰、家乐福、SA、麦德龙(MetroAG)、吉—塞恩斯伯力公司（J.Sainsbury)、凯尔斯迈耶公司(ColesMyer)、皮诺特—普林特普集团（Pinault-Printemps)、巴黎春天（Redoute）和西尔斯—雷巴克公司（Sears，Roebuck and Co.）的支持。[8]在与贸易产品公司（Trading Produce.com）的合作努力下，全球网络交流（GlobalNetExchange）为其会员提供270家易腐食品供应商的访问途径。这项服务履行了中间商使消费者获取所有产品信息的职能。

全球网络交流（GlobalNetExchange）和“特兰索拉”网络(Transora)，为大约五十家生产厂建立在线交流，创造了一个在交流中达到协同工作的巨大网络中心。[9]这个巨大的网络中心将促进交叉评估链的应用，如协作规划、预测以及补给（CPFR)，还有联合促销管理。例如，“特兰索拉”，收购了在线促销公司——行星U，在网上向目标家庭促销。这些交流不但能使零售商更加容易控制从生产商的进货，而且还提供了与终端用户进行沟通的可能性。这些交流不断扩展着中间商的角色。

新形式

作为消费者、零售商和生产商之间主动、交互式的纽带，中间商正处在一个欣欣向荣的领域。他提供的服务不但会反映以前的行为，如通过《消费者报告》进行的产品评估，而且还会使中间商拓展到新的商业形式。Napster（译者注：美国最大及最早成立的网络音乐软件交易公司）就是一个实例。最初它只是根据消费者对音乐的选择为顾客提供特定版本的音乐。通过挑战传统的智慧，Napster经受住了批判与法律的挑战。尽管成长的过程中经历了许多痛苦，Napster仍然继续追求着自己的目标并最终与音乐行业达成协议。Napster的形式仍在不断地改变，但是它以一种改良的形式行使着中间商的职能。

一家制药公司和医生采用另一种中间商的交流形式，网络与病人进行协商配制特殊药方。通过网络，所有的参与者都可以成为交谈和决策制定过程中的一分子。在这个案例中，这家制药公司现在已不再销售药品，而是开始销售一种服务，就像GE公司销售的产品包括提供飞机引擎服务一样。这家制药公司可以销售个性化的治疗选择方案和剂量。

如今的消费者拥有无数的选择机会。企业拥有无数的供应商和/或购买者。因此，现实中信息的超负荷是不可避免的。面对如此众多的选择，产品的质量评估就成了一项真正的挑战。面对如此众多的选择，对每一家零售店声誉的评定也成为了一项挑战。如果你信任某家中间商，它将为你进行评估，为你节约大量的时间和精力。中间商要想取得成功，就必须与消费者建立和保持信任的关系。当建立信任关系以后，中间商就能主动拓展业务了，如告知消费者或企业有关新产品或服务项目。当信任关系建立以后，中间商就可以在为消费者提供价值的同时提供更多的服务。

第三部分
整合商业流程

> “在成为一个全新模式之前，组织机构在进行重大工具或措施转变中需要具备四个要素。所有这些要素：科学技术、应用、标准和文化都必须运用‘达尔文式’的选择过程，同时朝着新的商务经营之路迁移。”
>
> ——理查德·A. 卡曼，理念冲击公司（IdeaBeat.com），2001 年 8 月 8 日

前面几章论述了商务流程的有关组成要素：消费者、供应商、经销商和中间商。供应商、经销商和中间商必须共同努力创立一个无间隙的供给链，这样才能满足消费者不断变化的需求。要想实现这种商业思维模式，企业必须采用新的流程。这一部分将以流程为重点：科学技术（实现以这种流程为导向的必要工具是什么）、启动器（运行这种新的思维模式的必要流程是什么）和综合器（合作的必要流程是什么）。

然而，需要记住的是，它不是一道程序，不是一个项目，不是一种系统，也不仅仅是科学技术或另一种形式的成本削减。它是业务流程的一种改变——改变产品流通渠道、信息流通渠道、产品生产方法、产品运输方式、购销流程和商品最终到达消费者手中的途径。

第七章

科学技术

> “许多公司受到广告的诱导，相信自己可以在全公司范围内安装‘香草型’的软件从而得到定制化的结果。市场基本上已经形成了即插即用型的系统。但实际情况却并不如此。”
>
> ——史蒂文·普拉特，CRM（客户关系管理）实施的全球领导人，德罗瓦特咨询公司（Deloitte Consulting）

科学技术暴发的震撼力是如此巨大——从太空飞船到外科手术用的激光工具，再到花费不到五英镑就可以与电脑上的互联网连接，而且处理功能比 20 世纪 60 年代大小像房子一样的计算机更强大的便携电脑。公司可以找到各式各样，包括分类、综合以及对选取的任何数据进行分析的硬件和软件。

> “我认为全球市场大约需求五台计算机。”
>
> ——汤姆·沃特生，IBM 国际商用机器公司，1945 年

采用新式的合作商业思维模式的公司需要与其他公司进行信息交换，以创造一个完整的、无缝隙的供给链。不同的软件或硬件储存的数据格式也不同，所以数据交换就像噩梦一样可怕。另外，最后的成果或报告的形式可能对于管理者的决策来说是毫无意义的。在与其他公司进行数据交换的时候将这些科学技术问题复杂化是出于安全的考虑。效率提高是完全可能的也是每个人想要的，但是挑战无处不在！

一个成熟的硬件，例如用于盘点库存用的轻型手柄，如果不能读取现在的通用产品代码（UPC），或者不能将这些数据转换成为不同店铺或仓库信息编辑软件所能接受的格式，那么它将毫无用处。为了提高效率，公司必须运用内外均能兼容的软件和硬件（见图 7.1）。

> “计算不再是属于计算机的一部分，它已成为了生活的一部分。”
>
> ——尼古拉斯·内格洛庞蒂，《数字化生存》，1995 年

在你考虑采用这个新的商业流程之前，你必须拥有一个牢固的硬件基础。其中可能包括扫描装置、计算机系统或无线电频率手柄等。金字塔的中部（见图 7.1）强调了对正确的基础设施的需要。在基础

设施概念里包括在行业间或全国上下的统一标准。UPCS（通用产品代码）/EANs（欧洲商品代码）商品代码、用于电子数据交换（EDI）的通用数据处理代码或托盘的尺寸等都是例证。只有打好了下面两层基础，你才能着手开发支持商业计划的计算机订单执行应用程序，开发仓库管理系统或分类管理应用软件。

选择最好的、与公司战略相一致的硬件和软件是解决方案的惟一内容。成功的部署是20%的科学技术加上80%人员的努力。组织机构的文化——成员的工作方式；他们如何进行决策；员工如何对待消费者；公司是如何以使命为向导的；公司如何进行信息综合；公司如何与其他的组织机构进行合作——决定着运用硬件和软件的成功程度。本章将着重于三个主题：硬件、标准和商业应用软件。

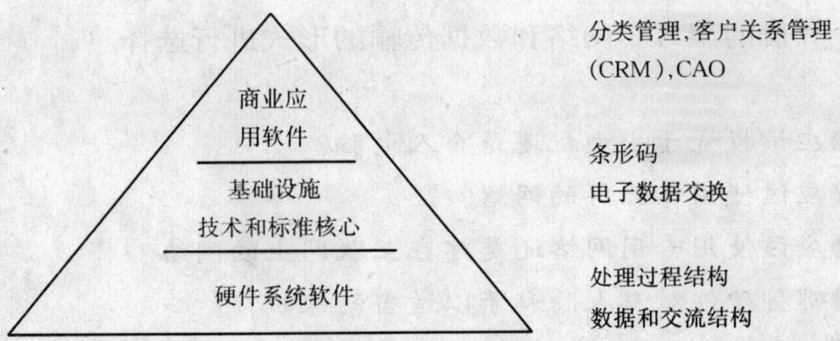

图 7.1　技术构造层

硬　件

要想在综合化的集成电子环境中取得成功，公司就要在硬件上投资。选择何时购买某种类型的硬件并不是一件容易的事情。根据摩尔定律，每个集成电路的晶体管数目每隔 18 个月就翻一倍。[1]不但计算的能力会提高，而且硬件的价格也在不断贬值。决定什么时候对某种硬件进行投资是一项棘手的工作。由于个人电脑通常两到三年便会淘汰，而硬件的投资是一项意义重大的决定，并且公司无法负担频繁地更新硬件，所以明智的选择便成为了至关重要的举措。

> “技术投资是非常重要的，如果规划得不合理，就可能成为取得理想科技效益的障碍。”
>
> ——高效消费者响应（ECR），《科技指南》

第一个必备条件是获取收集交易和消费者数据，并在需要的时候将获取的信息传输给机构组织内每个需求者的硬件必需品。第二个必备条件是获取在用户之间传输信息的硬件。在一个相互合作的环境中，你要把自己的数据综合到供应商、经销商的系统中去，所以必须根据计算机的型号、网络和数据传输的形式进行选择。

- 应该投资于小型机还是个人电脑？
- 应该使用什么样的网络？
- 应该使用专用网络还是建在互联网上的网络？
- 哪种硬件对私人隐私予以适当的保护？
- 应该用电话线、电缆系统还是卫星系统进行连接？
- 应该使用无线系统吗？

这是一项相当昂贵的作业！在有些情况下，能够创造一个相当可观的投资回报率（ROI）。在有些情况下，回报却无法实现。例如 Nygard，一家纺织品公司，从 200 家零售店的 300000 名消费者那里收集信息。Nygard 面对的问题是不同的零售店需要不同的信息形式。[2]20 世纪 80 年代每个汽车生产厂家采用的都是自己的计算机辅助设计（CAD）系统。为了与所有的生产厂家合作，供应商不得不采用多种系统。当然对不同的系统进行投资会降低硬件投资的成本效率。

寻找适合多种不同系统需求的硬件和软件是一项耗时费力、成本昂贵却不一定可行的措施。购买多种形式的硬件和软件是一种低效率、受成本限制并降低投资回报率的方法。

许多公司都不愿意对新的硬件系统进行投资，因为总会有另外一些或多或少更好的新系统推出。相反，他们愿意尽量对当前的硬件系统进行升级，使其具有与新推出的硬件系统同样的功能，或者是与一个新的硬件系统进行连接。最终这些公司都发现，为了维持这个拼凑系统的运行所花费的时间和金钱完全足以购置一个全新的系统。

> "你将永远不能取得突飞猛进，除非你管理的是以前遗留的系统和人员。"
>
> ——罗勃特·J. 赫伯尔德，微软行政副总裁，《超市新闻》，2001 年 4 月 2 日

互联网的发展促进了科学技术的应用，特别是在收集或分享信息的时候。商业形势下，互联网科技的应用不但涉及其他公司还包括消费者。到 2001 年，美国拥有电脑的家庭数是 51%，并且与国际互联网连接的家庭比例达到了 41.5%。③到 2000 年，大约有 3.15 亿的互联网用户——大约占世界人口的 5%。④信息、资源和与公司连接的通道给予了消费者新生力量。他们可以借助鼠标从一个生产厂家跳到另一个生产厂家，从一个零售商换到另一个零售商。

> "我们的评估是到 2010 年，我们将看到互联网上的信息量以百万倍的速度增长。"
>
> ——迈克·尼尔森，IBM 科学技术与战略互联网总裁，2001 年 5 月 31 日

许多公司建立了或正在建立自己的网站。在消费包装产品（CPG）行业，80%的厂家拥有网站；然而，并不是所有的网站都履行一样的功能。⑤网站的第一阶段是设置关于公司、产品和服务的信息介绍。第二阶段是让消费者在网上购物。第三阶段是建立互动性，让消费者和企业伙伴提问或分享信息。所有被调查的消费包装产品网站都设计了有关公司、产品和服务的介绍（第一阶段）。然而，只有

49%利用网站收集消费者的反馈信息，而且只有30%使用网站招聘员工。只有30%运用网站与零售客户和供应商进行交易，而只有22%的网站直接向消费者销售产品（第二阶段）。只有个别的网站与供应商（12%）和零售客户（13%）进行交互式合作（第三阶段）。仅有8%的网站与他们的生意伙伴的数据同步。

从互联网的发展到使用，任何的交互形式的信息显示是主要的难关。硬件系统需要从信息显示转变成创造一个交互系统，不仅需要在设备上进行投资而且还需要重新建立机构组织。网管员通常无法回答大量有关产品、部门、消费者账户以及技术的问题。人力资源部如何通过网络得到应聘申请信息？客户服务代表如何得到更新产品信息的要求？应收账款部门如何通过网络回复询购问题？一旦当事人收到询问，这个人是否可以直接调出消费者及公司档案并及时回复消费者的问题呢？合作伙伴的什么人能够调用你们公司的档案数据呢？

> “换言之，首先转换你的商业方式，然后对公司的人事进行重组以支持新的商业方式的运作，此时——只有此时——执行客户关系管理（CRM）的解决方案。”
>
> ——《什么是客户关系管理》，《商业周刊》特别广告策划部分，2000年7月3日

选择合适的硬件和软件总是一项挑战。当技术急速地更新换代时，做出这样的决定便显得更具有挑战性。最好的方法是选择可以为消费者增值并能完成公司使命的技术。

当消费者与某个公司联络的时候，他们希望能够尽快得到对自己提出的疑问、关注的问题或要求的回复。你需要什么样的硬件和/或软件系统来推动这个流程呢？可供选择的答案有许多。你要如何选择呢？互动式语音回复（IVR）系统筛选出消费者并提供自动信息通道。通过事先录制的信息供客户选择所要接通的部门或服务，JC－Penny可以将每个电话所需接通的时间调整为12～15秒并将员工的工作效率提高4%。[6]计算机电话集成（CTI）系统将电话与电脑集为一体，使客户代表在电话接通前半秒钟就能看到用户的记录。这种情

况下，消费者档案里包括来自公司内多个职能部门的有关订货、运输、付款和产品技术规格信息。根据 92 家月平均电话总量达到 100 万的公司调查显示，公司总成本下降了 1%～10%。[7]消费者希望在商店里购买的产品与通过电话或国际互联网购买的产品和服务都是一样的。[8]毕竟，无论采取什么方式，公司还是同一家公司，有些消费者期望，无论是当面还是在电话或通过互联网，所得到的有关产品、服务、票据或送货的问题答复都是一致的。

> “当用机器应答来电的时候，消费者的满意度不一定会下降。而当消费者无法通过机器与客户代表取得联系时，顾客的满意度就会下降。如果在电话铃声响起六次之内被接听并且在一分钟内消费者电话得到了相应的处理，自动呼叫路径就不会对消费者的满意度造成负面影响。”
>
> ——约翰·古德曼，TARP 董事，《营销工具》，1998 年1 /2 月

> “如果他们在你离线的时候购物，他们期望能够得到与你在线时同样的产品和服务。”
>
> ——戈麦斯联合研究会，《超市新闻》，2001 年 4 月2 日

你的顾客是谁？当他们给公司打电话时想与谁通话？谈论什么？他们如何与公司取得联系？你是否需要电话系统或者网站与客户和拥有正确信息的人沟通呢？你能整合公司数据以便客户的问题能够得到及时回答吗？你是否需要能够使公司内任何部门需要消费者信息的员工能够获取信息的电话总机或计算机系统呢？根据你的客户、公司使命、现有的资源以及目标，你可以选择硬件/软件的结合形式，从而为设计与消费者之间的互动行为服务。

例如，早在 1995 年，Close Call 公司的执行总裁就意识到了技术革新的必要性。1996 年，公司计划推出 6 个 116 呼叫中心，在新的呼叫中心执行全新的、开放式自动拨叫和呼叫路径转换系统。另外，通过配置新的人力资源和账目软件，信息系统更新了公司内部的所有管理系统。这位执行总裁期望他在公司早期培养出来的“实干”文化能够使公司度过以指数速度增长的技术革新期。他相信在短期内更新

所有的系统——包括建立数据库——只是听从咨询顾问的建议，在相应的岗位启用正确的人选。从一开始，由于使用者从未对更高的分析能力提出过要求，所以数据库缺乏一个明确的商业目标。从执行总裁的角度来看，整个项目简直是一次惨败。那个承担建立整个功能库的负责人显得毫无生气，与最初拟订的完成日期（极不现实的计划）相比，项目的完成日期推迟了四个月。除了浪费财力和时间以外，工程浪费了 Close Call 50％的员工，其中大约有一半停职。

协作式商业流程需要供给链中所有的公司都参与到数据交流中。当使用以扫描装置为基础的贸易（SBT）时，例如，零售商只有当某个产品在销售点被扫描以后才拥有对商品的所有权并支付供应商货款。零售商根据每天销售点（POS）扫描数据支付供应商。经营零售和消费产品的公司（CGCs）都依靠销售而盈利。这个系统既昂贵又费时，但结果确是肯定的。一项美国食品制造商协会（GMA）进行的探索性研究证实，商店在萎缩程度保持在可以接受的范围内，通过对店面的控制使营业额增长了 4％。[9]在这种情况下，因为产品的库存量水平增加了，所以消费者取得了胜利。因为降低了营运成本并提高了营业额，供应商取得了胜利。因为降低了营运成本，减少了投资同时又提高了营业额，零售商也取得了胜利。

由于无线技术的引入，访问互联网成为了一种非常普遍的现象(见表 7.1)。供应链中所有的成员都能够从任何地方读取数据。当大家可以轻松地使用宽带技术时，消费者和商业人士便可以从一个地方向另一个地方传输大量文件、视频和图形。在供给链中运用什么样的硬件和软件进行数据交换呢？如何使不能相互兼容的系统变成兼容系统呢？需要使用什么样的安全防范措施呢？什么人可以进入什么数据通道？最好的方法就是认清将要运用的相关商业流程、这些流程对数据的要求、整个流程所涉及的功能，以及所要达到的目标。那些满足你们公司新的商业流程要求的硬件和软件就是最适合你们公司的硬件和软件。这样才能突出自己的竞争优势。我们并不赞成效仿其他企业的“克隆”行为。

由于独立的系统不允许整合，而新的商业思维模式是以合作和整合为基础，所以在机构组织之间以及与消费者之间的数据传输便成了成功的关键。有人预言在接下来的两年内出现的信息量将远远超过过去一万年内信息量的总和。[10]新的服务器和储存能力将成为处理信息量激增的必需品。只有核心科学技术与标准成为一体，才能有效地分享信息。

表 7.1　　2000+科学技术景象

	1990 客户服务器	2000 以网络为中心	2001 普遍现象
市场整合		———————	——→
企业整合和行业改革	———	———————	——→
企业整合	———————	———————	——→

资料来源：彼得·格拉泽，2000 年 7 月，在安德森咨询公司芝加哥办公室进行的演示。

核心技术和标准

如果没有标准统一化的系统，每个生产厂家都可以自由地创立自己的代码格式。在这种情况下，施乐公司（Xerox）可能创立一种打印机代码，惠普公司（Hewlett－Packard）则可能创造另一种，而利盟（Lexmark）也能创造其他形式的代码，由此产生了低效率、盗版和硬件成本的提高。为了防止这类情况，各行业的公司自愿协商成立统一代码委员会（UCC），从而创立了一个通用产品分类（UPC）代码象征系统。统一代码委员会（UCC）指定用来鉴别生产厂家产品、尺寸、颜色以及箱印的数字。除了能够鉴别所销售的是什么产品、多少数量、销售给谁以外，UCC 系统还使合作的实施成为了可能，因为数据可以在贸易伙伴间进行传输共享。

> “如果没有创立标准，处理同一件事情的方式就会出现 5000 种，而且我们还不得不通过传真进行联系。”
>
> ——约翰逊·康托斯，网络之周公司，2001 年 9 月 17 日

当基本分类（条形码或订单数据的传输）的标准实施或成立以后，公司不一定非要使用同样的硬件或软件系统来捕捉或分析信息了。不是所有的公司都同时在硬件或软件上进行投资，他们不会购买同一个产品品牌。他们还无法立即接受格式化数据的改进方式或者让他们购置硬件或软件以便使自己的数据与每一个贸易伙伴保持一致。

> “我们相信参与（在一个联网系统中）将使克罗杰和其他伙伴以更低的交易成本获得更丰富的数据交流。”
>
> ——加里·罗兹，克罗杰公司，《超市新闻》，2001 年 4 月

作为机构的交易所成立以后，使所有的参与者都能够使用同一个平台，将自己的信息展示给其他伙伴或与他人共同分享信息。在食品日杂和消费包装产品行业，出现了好多交易所，例如全球网络交易所(GNX)、世界范围零售交易所（WWRE)、Transora 公司、消费包装产品市场(CGGmark-et.com)、零售商市场交易所有限公司（RetailersMarket Xchange，Inc.）等。在运输行业，就有 100～150 家交易所。[11]

统一代码委员会（UCC）被人们视为是一家中立的、值得信赖的非营利性机构。在此信誉的基础上，UCC 网站通过提供产品注册服务，使贸易伙伴、贸易交易所和国家数据库中的项目和各自的信息达到同步，从而达到互通有无、相互促进的效果。[12]作为一个中立的运作场所，统一代码委员会互联网（UCCnet）将确保数据的标准化，并在安全的环境下促进互用性。

> “找出使网络处理与企业资源计划（ERP）系统业务处理流程合二为一的方法，从而达到生产计划的统一，这是一项极富挑战性的工作。”
>
> ——杰夫·莫根，信息技术的副董事及首席信息总监（CIO)，《消费产品技术》，2000 年 9 月

卡夫和萧氏公司（Kraft and Shaw's）是第一家受到 UCCnet 产品认证的生产商和零售商。[13]他们通过 UCCnet 为 15 种商业流程发送和接收可扩展标记语言（XML）数据并获得了证书。运用 UCCnet 的服务，卡夫和萧氏公司能够减少错误并缩短新产品的推广时间，并且更

新产品信息。他们还通过同步产品授权文件来确保双方机构可以随时得到相关产品的正确信息。萧氏公司（Shaw's）同意接收有关卡夫公司（Kraft）上市产品或将要上市产品的信息。当卡夫公司更新产品信息或引进了一个新的项目时，信息将通过 UCCnet 传达到萧氏公司。双方公司发现，加入联网是一种通过数据交换使成本效益更高的方式，而应用互联网交换信息则会使效率更高。

到目前为止，还没有出现世界范围内使用的用于电子数据交换的产品代码或标准系统。由于各种各样产品描述和条形码、用于订货或付款之类简单流程的多种电子数据交换（EDI）标准、多种智能选择标准、多种可扩展标记语言（XML）标准以及多种效率化消费者回应记分卡等的使用，产生了比较混乱的局面，于是 1999 年 7 月成立了全球商务促进委员会（GCI）。这个集团包括 20 家跨国零售商以及他们的供应商，全世界 36 家高效消费者响应（ECR）集团，以及主要的标准制定机构，如欧洲商品条码（EAN）国际分会、统一代码委员会（UCC）、欧洲标准化委员会（CEN）、国际标准化组织（ISO）、产业共同标准协会（VICS）、国际经济研究中心（CIES）、食品行销协会（FMI）、自动识别技术（AIM）和数据捕捉技术协会，以及美国食品制造商协会（GMA）。

> “5000 家供应商中不到 2% 的活跃者利用电子数据交换（EDI）与合同生产商进行沟通。尽管在某些方面无疑会有些营利突破——比如自动垂直系统——显然电子数据交换（EDI）是不会作为一个主流传输工具的。”
>
> ——史蒂芬·吉瑞，蒂里昂产品管理副主席，《国际贸易》，2001 年 8 月

全球商务促进委员会（GCI）的作用是通过对所推荐标准的联合认可，促进 CGCs（经营零售和消费产品的公司）和零售商国际供给链的发展。组织成员分为四大类：产品识别、智能型标签、全球记分卡、商业流程工作组。[14]在这个组织创建初衷的推动下，2001 年 7 月 1 日在网页和企业间流通的文件中公布 XML 的标准，定义数据成分的可扩展标记语言。全球商务促进委员会（GCI）不是一个标准实体，

但却是一个在各行各业中致力于促进识别和采用全球标准的全球用户团体。例如，主要的旅游业成员，包括航空公司、汽车租赁公司、旅行社和酒店连锁，公布了最后版本的特殊行业标准。国际旅游标准化协会（The Open Travel Alliance）建议执行这些标准以便更有效地推行电子交流。[15]

> “如果你回首历史的足迹，食品杂货行业最先采用了通用产品代码（UPC）……因此食品日杂行业也将最先跨入使用可扩展标记语言标准（XML）的行列。”
>
> ——特里·厄尔蒙，统一代码委员会（UCC）市场和公共关系总监，《超市新闻》，2001 年 6 月 11 日

随着全世界越来越多的公司和个人利用互联网进行信息交换，数据格式成了标准化所要考虑的一方面。1988 年，连接互联网的有 7 个国家；到了 2000 年与互联网连接的国家达到了 214 个。发达国家中几乎 1/3 的人口接通了互联网。[16]尽管在发展中国家家庭拥有计算机的百分比还很低，但许多人还是通过网吧、手机及“小秘书”来上网。互联网的用户范围如此之广，以至于面对许多挑战。如今，全世界 52.4%的网上人口属于非英语用户。预计到 2003 年，网上人口中美国公民仅占 1/3；而到 2007 年，66%的电子商务花费将来自于美国以外的国家，而中文将成为国际互联网上使用最广泛的语言，到 2002 年，大多数互联网用户的母语不是英语，而到 2003 年，1/3 的网络用户将使用一门母语以外的语言上网。[17]因为美国以外如此众多的人使用互联网，所以语言必然也成为了一个令人关注的标准化议题。

> “如果我卖东西给你，我将使用你的语言与你进行交流。如果我是购物者，Damn mussen Sie Deutsch sprechen（那么你就必须讲德文）。”
>
> ——威利·勃兰特，前任德国大臣

由于缺乏共同语言和共同文化，导致了标准的缺乏，因此出现了另一类合作方式。网站需要使用多种语言，以便于用户理解所展示的信息。翻译软件可以用来翻译网站信息；还可以给消费者提供咨询，

也可以将公司的答复翻译成用户使用的语言。这种软件还不是很尽善尽美，还需要不断完善。同时，全球许多卖家正在开发术语管理、项目管理以及使用多国语言内容管理的软件。然而，认识到还不存在统一的语言就意味着必须建立一个有效的网上交流途径。

> “毫无疑问，达到全球化并不像按一下按钮那么简单。但是，当全世界开始用金钱来投票时，不仅卖软件的商人，而且传统的实业公司也不得不以全球的眼光来审视通往成功的道路。”
>
> ——丹尼斯·巴特勒，《地球村》，www.line56.com，2001 年 8 月 15 日

有一项预测显示，到 2003 年，全球电子商务中，国际市场占 40%。专业科技预计，在今后的几年时间，互联网的使用在亚洲将上升 79%，在拉丁美洲将上升 123%，在日本将上升 2000%。以这样的全球增长速度，数据、流程和信息交换的国际标准将成为合作的关键所在。

商务应用

如果标准、科技、硬件以及流程能够满足准确及时地交换数据的需要，那么数据就可以用来完成战略战术了。不是所有的硬件都能够有效地完成所有任务，不是所有的软件都能执行所需要的任何行动，不是所有的硬件和软件都能够互相兼容，因此，你必须做出明智的选择。

从何着手？你必须从公司的使命开始。你将自己的公司放在社会的什么位置，如何处理与员工、与股东、与消费者以及与供应商的关系？你将与谁合作？你希望采取什么样的合作形式？消费者又如何与你们公司取得联系？需要给哪些员工提供什么样的数据以便他们与消费者进行交流？什么部门需要什么样的信息？

> “你必须评定你的市场战略是什么，只有这样你才能真正决定应该运用什么技术来使商业的不同部分成为一个统一体。”
>
> ——丹·福卡里奥，Acuent 公司电子商务副总裁，《消费产品技术》，2000 年 9 月

首先，你需要了解消费者需要什么价位、什么样的产品，如何才能迎合消费者的口味以及消费者期望什么样的送货方式。其次，你需要了解有哪些商业伙伴，你期望与谁进行合作，你们公司计划完成什么样的战略。最后，为了达到自己的目标，你需要对自己的机构组织以及商业流程进行重组。

将改进后的商业流程的目标明确化，并且将其铭记在心，这是成功的关键。公司可以在各式各样的硬件和软件系统中选择一个能够指引商业流程的软件系统。但是，实际上硬件和软件都只是应用工具——不是所有的工具都对同样的工作行之有效。你需要选择行之有效的工具。当然总会有一些不可预料的后果需要进行额外的调整。然而，你需要选择最适合自己的硬件和软件，朝着与使命相一致的目标奋斗。例如，微软安装了一个供 11000 名员工每月使用的内部采购系统。这个系统节约了每笔交易为 43 美元的向厂商发送订货单的成本，所以最后节约了 72% 的成本。[18]然而，技术投资也不是永远都有如此乐观的投资回报率的。

> “你必须认识到工具仅仅是工具，但当它们作为主要合作经营中的一部分的时候，它们的确起着一定的影响作用。”
>
> ——达雷尔·瑞格比，贝恩公司（Bain and Company），2001 年 6 月 13 日

例如美思公司（Mott’s），原本计划在降低库存的同时提高现货客户服务。为了达到这个目标，他们在已有商业系统的基础上选择软件进行改进，使其成为电子化系统。[19]这意味着运用第三者作为网站的主机并将所有网络命令转换成美思公司现有的电子数据交换（EDI）格式，这样数据库就能被传输到美思公司的企业数据库系统

里了。接下来是更新所需要的计划流程。首席信息总监，杰夫·摩根曾发表评论说：“这个工程将永无止境。它是一个持续的动力。”

由于满足消费者的需求是这个新的合作商务思维模式的核心定律，客户关系管理（CRM）软件得到了普及。使公司了解并预计他们现有或潜在客户需求的软件行业就达65亿美元。每个人，从销售、营运、管理、客户支持，甚至到消费者都需要有关这方面的信息。这是一项长期的需要大量时间与金钱的投资。这需要几年的执行时间并花费数百万美元的资金。首先，公司各个部门收集的数据必须是“净化的”——经过了精确性及相应格式化的检查。其次，将呼叫中心、网站、数据库相互连接起来是一个复杂的工作。[20]最后，培训、网络、定制化和综合化成本很容易就会使费用达到软件本身价格的四倍。有预测估计，一个全面的客户关系管理工程的费用将会达到500万美元。[21]

> “为促进客户关系并提高客户持久力，我们很容易会陷入到寻求强效解决方案之中。”
>
> ——雷·麦肯齐，信息之周公司DMR咨询顾问公司，2001年7月13日

在许多情况下，客户关系管理软件所演示的形式过于简单，导致公司相信自己能够通过安装“自选产品”的软件来达到定制化的结果。有一份评估报告指出，19%的用户所犯的错误来自于客户关系管理解决方案的应用，它不是即插即用型的软件。其实，CRM的执行需要通过仔细地分析和计划来决定哪些硬件和软件能使公司完成使命，以及硬件如何整合到新设计的商业流程中去。

需要重新定义员工的角色和职责，以崭新的方式在内部分享信息。系统需要消费者能用自己选择的方式与公司联系：电话、传真、亲自上门或通过互联网。另外，消费者应该能够自己找到答案并以一种便捷的方式下订单。客户关系管理系统还需要对商业伙伴的需求极为敏感。例如，如果消费者愿意在你的网站购物，而不愿意到零售店或零售店网站购物，零售商会与你的网站产生矛盾吗？通过与贸易伙

伴进行信息交换，就能根据消费者的购物把库存、送货和分类的决策放在一个坐标上。通过在系统中挖掘信息，你能够更有效地瞄准潜在的顾客。如果商业流程的策划与重组取得了成功，如果选购了最好的硬件和软件，如果为了保证数据的兼容性运用了标准与网络，那么客户关系管理软件的使用就会发挥惊人的效果。

> “如果你没有一个良好的面对消费者的流程，并且不能实现流程自动化的运营，那么问题就自然产生了。”
>
> ——巴顿·戈德勃格，信息之周公司信息系统营销，2001 年 7 月 13 日

Nygard International 是一家纺织品公司，它每天晚上，从为 30 多万消费者服务的 200 家商店收集数据，并将这些数据传送到它的中央数据库里。Nygard 每个星期会通过电子数据交换（EDI）的方式在主要账目中获取一次销售额信息。[22]市场运用这些数据决定下一年的规划，商店运用这些数据决定该卖什么产品。当新产品上市时，以前购买过同类产品的消费者将会收到有关通知。关于消费者购物的信息使零售商能更好地了解消费者，根据消费者的喜好做出回应，与他们进行更有效地沟通，并且更高效地管理生产流程。Nygard 规划的下一步是要运用一个更有效的途径将信息以不同格式反馈到那些需要它们的零售商手中。

> “我们总是说我们正处在旅行的途中。我们不知道目的地在哪儿，而且我们乐此不疲地进行着投资、改变，投资、改变。”
>
> ——帕特里克·斯蒂尔，阿尔伯森公司（Albertson’s），信息系统和技术副总经理，《超市新闻》，2001 年 4 月 2 日

还有一个例子，宝洁一开始存在一个商业问题——商品脱销率极高，所损失的销售额高达数百万美元。首先，公司发明了一个用于监控卖场产品的科学运算法则，用于发现脱销或滞销产品。公司还开发了显示器，用于发现可疑人物并将信息发送给指定的店面经理或零售楼层员工。然而，如果没有人采取行动，那么问题就仍未解决。为提

高此商业流程所做的测试处于进展之中。此专门的项目反映了宝洁的管理层如何走近技术。除了确定科技应用软件以外，管理层开始寻找解决实际商业问题的技术。[23]

技术几乎存在于任何综合、协作的工作中。技术存在的方式也形形色色。你需要决定自己需要完成什么样的目标，然后寻找与自己企业使命最一致、在任务完成的过程中可以与合作伙伴共享的硬件和软件。

贝恩公司（Bain and Company）公布了为期一年的调查，以决定企业管理者认为什么样的软件对什么样的工作行之有效。表 7.2 列举了最近的调查结果。[24]一种技术并不会适用于任何情况。如果你不知道自己的奋斗方向，使用任何硬件和软件的效果都是一样的，即要么成功要么失败。如果你知道自己的奋斗方向，你就能选择最好的工具。只有正确的工具加上擅长使用工具的人才能获得最后的成功。企业转变的过程是 80％的人加上 20％的科学技术。人文部分关系到文化、教育、经历、培训以及再培训。

表 7.2　　贝恩公司调查结果

●最有利于财务成果：

缩减运行周期

业绩奖励

战略策划

●最有利于用户资产增长：

消费者满意度评估

全面质量管理

客户关系营销

一对一营销

●最有利于提高竞争能力：

战略策划

战略联盟

续表

消费者满意度评估
●最有利于长期业绩能力：
战略策划
缩短周期运行
成长战略
●最有利于达到组织上下的整合效果：
战略策划
平衡记分卡
使命与愿景陈述

资料来源：摘自达瑞尔·瑞格比：《2∶1式新经济工具试行与探索》(2001)，贝恩公司第八届“管理工具”调查，bain.com，6月13日。

第八章

内部商业流程

> “许多境况不佳的企业已经对自己的缺点视若无睹。他们之所以经营不善，不是因为他们不能够解决问题，而是因为他们看不到问题。”
>
> ——约翰·加登

如今的商业环境展现出变化无穷的需求。了解你的最终客户的现有需求、购物习惯以及决策过程是成功的关键所在。大众市场已不复存在，取而代之的是多元化的消费者——同样的人却由于不同的产品、服务或环境而分属于不同的顾客群。这些多元化的消费者同时也是多渠道的消费者，这就意味着他们可以在任何时候、通过对自己最便利的沟通方式与你的公司取得联系：上门、电话、传真、邮件或互联网。他们期望的是无论通过什么渠道都能得到最完善的服务。商业环境的需求方永远是不断变化的。

同时，每个公司都面临着提高效率、降低成本的巨大压力。新产品的开发成本必须加以调整。新的范式是以消费者的购买力为动力，其中的一个必要环节是及时、准确地在渠道的所有成员中进行信息交流。标准、服务交流、代理以及新的软件都促进了这一流程的发展。成功的关键因素是运用科技合作来解决供给链问题。商业环境的供给方已经永远地改变了。低效率、不能增值的旧的商业行为已经没有立足之地了。

这个致力于为消费者的需求服务的新型合作式商业范式是具有挑战性的，而且是不易被接受的。它不是一项工程，也不可能通过整个机构中的某个部门来完成。它需要高层管理者在商业流程中以身作则、率先垂范。首先是认清公司新的战略方向。为了达到制定的目标，改变公司所有员工（无论是10名还是20万名）的日常行为规范是一件相当困难的工作。本章将对《设计高效能机构组织》的作者——戴夫·汉纳所提出的以组织性能模式为基础的六大要素进行论述。这六大要素是相互独立的，在整个流程中决定着组织成员的日常行为，也决定着在商业战略的执行过程中，公司内部日常的商业行为：结构、任务、人员、信息、决策制定以及激励制度的执行情况。[①]

“正如所说的那样，真正凌驾于企业资源计划（ERP）之上的是为了迎合市场与需求而进行的战略、结构、系统与技能的重组。”

——安吉琳·潘太吉斯，管理编辑，《消费产品技术》，2000年1/2月

组织结构

新的商业思维模式对信息量的要求很大，需要的数据涉及消费者、供应商、物流、发票、付款、现金流动以及活动成本等。拥有良好的组织结构就意味着拥有胜任的人员从事相关的工作。例如，传统的买卖关系建立在一种面对面的、对抗性的关系或相互影响的购买状态下（见图8.1）。通过协调内部活动及信息以后，买方和卖方对各自的状况进行交流并磋商达成协议，其他的部门或职能则“在需要的时候”充当后备供给军的角色。

在新的范式中，商业流程需要交互功能性的信息分享、决策制定和机构组织内的规划（见图8.2）。协作商业活动需要组织之间的全新工作方式，这个论题将在下一章节中作为重点进行详述。本章将着重讨论为了促进交互功能性活动，公司内部的组织结构所需要进行的改革。所涉及的具体功能则根据公司、任务以及贸易伙伴的不同而不同。

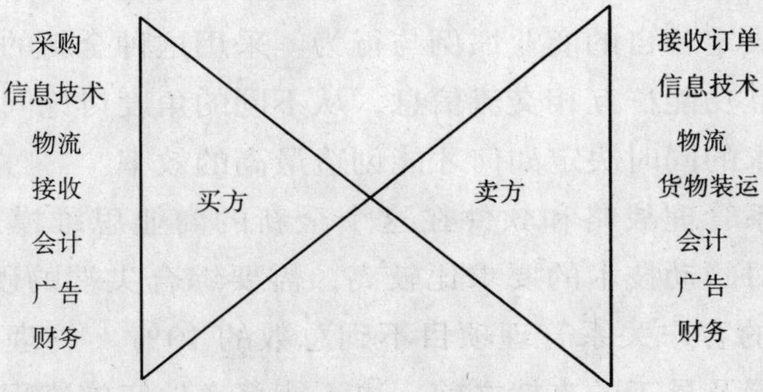

图8.1　传统的买卖关系

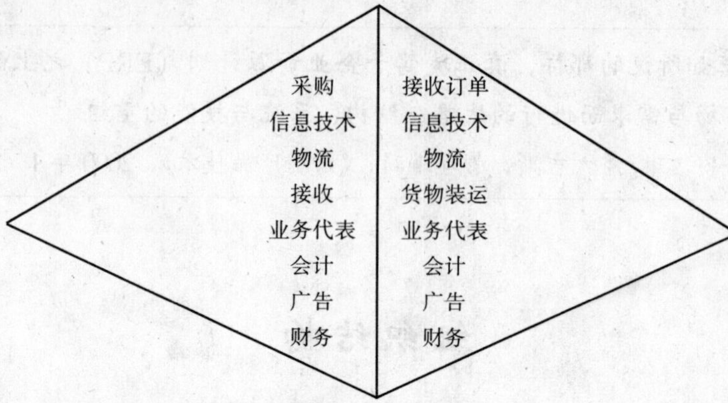

图 8.2　合作关系

克罗杰公司发现在公司内部推行改革流程，需要从财会职能范围、人事资源、信息系统、采购以及销售渠道着手。[②]由于改革包括先进技术的应用以及在最初阶段人们就需要的信息系统，所以他们能认清什么是切实可行的，并且了解在制定或改变信息技术需求之前需要尽力实施什么样的流程。他们对消费群的需求越了解，就越容易找到相应的解决方案。先进的技术与创新行为需要专业技巧，需要选择具有相关技能的人员并发展相应的培训流程。因此，人力资源部门扮演着至关重要的角色。

在与采办流程相一致的决策中，采购包括在不破坏分权管理组织结构自主性的基础上，作出协调性的决策。在生产商与零售店之间流通的物流决策的制定，需要销售渠道中各方代表的出席。财务代表不仅帮助决定什么样的替代产品可以提供最低的价格，而且还包括什么样的行为与替代产品可以提供最高的价值。传统上，各个部门是各自为营，分别决定各自的商业惯例与行为。采用这种全新的合作商业思维模式，交互功能群互相交流信息，从不同的角度讨论问题，并在迎合消费者需求的同时决定如何才能创造最高的效率。

客户关系管理战略和软件在这个全新的商业思维模式中极为普遍，然而它对趋动技术的要求比较高，需要综合尖端的硬件与软件，以科技趋动的客户关系管理项目不到总数的 10%。[③]管理者在没有赢得高级管理层及员工的支持之前，决不能草率地实施流程，否则整个商业流程将无法与项目目标达成一致。

Regence Group，爱达荷州、俄勒冈州、犹他州和华盛顿州四家蓝十字盾公司（Blue Cross Blue Shield）的控股公司，创立了一个由保险商、售后服务人员、信息技术人员以及商业管理人员组成的集团，进行统一化的客户关系管理战略。[④]为了取得成功，集团采用了用户买进、高层管理人员签字的方式。集团花了六个月的时间来决定商业环境对系统的需求。即使需要耗费更多的时间，进行销售队伍的重组及培训也是必不可少的；一旦完成了这两项任务，85%的用户发现新系统的价值更高。最初他们预期的支持率是半数以上，而实际上却得到了85%用户的积极认可。来自各个部门的9人专家小组不断地讨论改进措施。在最初的几个月时间里，小组就已经找到了需要改善的区域。因为商业环境及消费者并不是静止不动的，所以这种通过交互功能方法通往变革商业流程的过程也是一个长期的、没有终点的旅程。

Rosalie Duong at Qiagen，一家生物技术公司，在公司内部大力贯彻执行了客户关系管理。[⑤]首先，公司组建了一个由业务、技术、销售人员组成的单独使用团队。这个团队指出了新流程所要完成的30个关键要素。其次，公司对全世界范围内300个销售人员进行了一次调查，询问销售人员对所建议流程如何才能运作得更为有效的看法。通过网络邮件的方式，300份调查问卷均得到了回复。再次，团队将用户需求进行了先后排序，并告知给前来竞标的6家客户关系管理软件开发商，最后从中选定了一家软件公司。所选的客户关系管理软件不但符合用户的要求而且执行得非常成功。

当今的组织结构主要是针对个人和部门的职责进行评估和激励，而不是针对某一个团队。为了在这个新的范式中取得成功，组织结构需要促进交互功能式工作及决策制定。使来自于不同职能部门的人员团结合作并不是件容易的事情——各人的视角不同，工作目标、衡量标准和激励措施也就各不相同，它们的形式可以是多种多样的。学习朝着共同目标努力，也许需要一段时间甚至还需要执行新的任务，并且改变衡量标准和激励措施。

任务分派

导师们最喜欢的谚语是："更灵活巧妙地工作，而不是更努力地工作。"在这个全新的以消费者为核心的合作式商业环境中，需要怎样分派任务呢？如何才能更灵活巧妙地工作呢？

在当今的市场环境中，公司之间采用电子方式传输数据，许多订单也通过电子形式来传送，买方与卖方所扮演的角色又是什么呢？互换重复供货并不是主要的工作目标。许多组织将自己的销售员改名为客户业务开发代表。通过电子方式来收发订单，买方和卖方不再需要像通常那样，讨论在什么时候需要购买什么产品。如今，买方和卖方的角色已变得战略化：如何在特殊情况下修改订单？新产品要在什么时候推出？如何推出？如何应用新的消费意识？如何吸引新的消费者？需要提供什么数据以及如何运用它们为产品增值？现在，谈论更多的话题是如何才能使公司的业务增长，而不是以什么价格订购多少产品。

> "许多公司犯的错误是他们安装了软件并期望软件来照管公司。"
>
> ——斯科特·丹尼斯，Regence 公司市场战略内部策划经理，2001 年 7 月 13 日

当执行新的商业思维模式时，企业创建了新的交互功能及合作式组织结构，这些组织结构免不了执行新的任务。新任务的鉴别和定义是整个流程的一部分。新任务的分派及授权则是另一项挑战。

人　员

为了完成新的任务，鉴别并发展已有员工的技能、聘用相关技能

的新职员并进行员工培训，这些都是成功的关键所在。首先，公司需要确定所需要的技能，鉴别企业内具有相关技能的人员，或招聘相关技能的人员。其次，员工需要了解在新的岗位中需要什么样的行为规范。最后，需要对员工进行培训，使他们熟练掌握新工具、先进的技术，并在新的组织结构中愉快地工作。

> "技术是瞬息万变的，人却不是这样。"
>
> ——大卫·维斯爱尔，《华尔街杂志》，2001 年 2 月15 日

当壳牌能源服务公司（Shell Energy）首先在能源行业安装了北极星汇票及预测应用程序以后，员工并没有使用。尽管软件可以随时使用，但是由于员工不习惯依赖于软件的精确性，所以他们继续沿用手工汇票流程方式。于是壳牌公司制定了培训处理。几个月以后，员工习惯了应用软件并不再借助手工计算。[⑥]于是，每晚耗时 6～7 个小时的汇票处理便缩减到了两个小时。

克罗杰公司在采用新的商业流程过程中，大量培训是其中必不可少的。许多高层行政执行人员以及商店经理参加了现金流动、分类管理以及业务成本研讨会。培训规划以几个问题为重点：什么是新的商业流程？新的流程如何影响我的工作？投资回报率与我的工作有什么关系？如何检测业务及流程？我应该执行怎样的新的行为规范？克罗杰在公司里创立了自己独有的分类管理大学，而且员工会参加很长时间的培训项目。

当鹰翔创造培训卓越有限公司（Eagles Flight Creative Training Excellence, Inc.,）在呼叫中心增加了客户关系管理软件后却遇到了麻烦。[⑦]首先，即将使用这种软件的呼叫中心员工没有参与购买 Siebel 模块的决定。其次，没有人向员工解释应用新软件的好处。结果，员工将使用软件当做负担——在更多领域输入更多的信息。他们发牢骚、抱怨，非常不心甘地使用软件。鹰翔不得不回到起点，开始培训计划，力图解释运用软件的好处。然而，公司培训演示所要面对的却是一群具有防范心理的听众。当员工对流程、软件或新任务已经产生了消极态度以后，想要再得到他们的认同，需要花费的时间将是原来的两倍

或三倍。公司必须决定什么流程能使人员及时准确地得到信息。

信　息

在这个新的商业环境里，信息需求正以惊人的速度增长着。然而，向每一位员工提供每条数据将导致信息超载。公司需要设计流程，这样员工在执行任务或制定决策的过程中，需要时就能及时准确地接收或获取信息。

例如，品牌经理、市场决策者、销售经理，他们都需要获取消费者数据。他们也许需要同样格式的信息，或不同格式的信息。他们的分析也许需要来自会计、配送、外来市场研究公司、交易公司或是某一个分销商的信息。从不同的地方收集这些数据是一项具有挑战性的工作；为了分析，使来自不同文件夹的数据兼容则是另一项挑战；将这些数据以不同的格式展示出来同样也是一种挑战。

> "你将永远不能取得重大的突破，除非你围绕着原有系统和原属员工进行管理。"
>
> ——罗勃特·J. 赫伯尔德，微软执行副总裁，《超市新闻》，2001 年 4 月 2 日

许多公司发现互联网已经成为了一个巨大的服务器，使处于不同位置的大量人口能够读取数据。数据可以储存在某个网站；可以在不同的位置对网站进行访问；可以通过密码对通路进行保护。灵活性、易于读取以及安全性的权衡使互联网成为了众多公司的首选。

强生公司为小型零售商建立了一个传送产品的网站。[8]网站的一部分是为小型零售商提供自助式订单、核查订单状态以及浏览账户。这些客户喜欢快速地读取信息并立即得到自己提出问题的答案。

如果根据特定目标、公司需求以及消费者的心理需要来进行选择，那么科技能使所有的人在他们想要的时候、在安全的环境中得到

他们想要的信息。

决策制定

当公司运用了新的组织结构和商业流程，当员工执行新的任务时，传统的决策制定过程可能就不再有效。通常，公司需要在满足消费者需求与降低成本两者之间进行权衡，从而控制风险并赢得利润。

通过企业一般管理费用的分配来制定决策的传统方式早已过时，而当期的财务报告又不能反映营运的变化。在当今的新型商业思维模式中，毛利的分析不一定会导致盈利决策。企业一般管理费用的分配需要达到精确度才会具有使用价值。基于活动的成本计算（ABC）是一种方法学，它对成本进行度量，并在认清成本动力及具体行动之间的因果关系之后实施具体行动。[⑨]

> “沃尔玛在销售了63%的库存产品以后，才支付货款……而且它期望在三年内实现，库存售空后付款。”
>
> ——《超市新闻》，1999年11月22日

ABC不是会计学（借和贷）。ABC不是运用传统的成本方法，以数量或产品成本为基础来分配成本；ABC不假定成本随数量而变化；ABC不以任意的比例来分配成本；ABC知道资金分配到了什么活动中，并且什么驱使着活动的进行；ABC是以资源和活动被消耗的方式为基础进行分配的；ABC假定活动消耗成本并且流程消耗不同程度的活动。

例如，假设你的商店每年销售100万件运动衫，每件单价为15美元（见表8.1）。如果毛利润由购置成本与销售价格来决定，选项一是有利润价值的。然而，若选项一中的运动衫需要在运输中挂在衣架上并按层平放，在选项二中的运动衫挂在衣架上运送，当将运动衫挂在衣架上这一活动的成本计算在内时，利润决定的结果将是选项

二。在进行利润决策的时候必须了解所有需要的相关活动成本，然后再进行某个产品或服务的销售。

当你改变商业流程会发生什么？在流程中包括哪些活动？每项活动的成本是多少？ABC 将成本分配到特定的活动中，这样，你才能鉴别什么活动是某个特定商业流程的成本的驱动力。例如，克罗杰公司鉴别了供给链中 32 种的主要活动（见图 8.3）。他们分析的结果是，44％的克罗杰成本与产品收货有关。下一步的任务是挖掘成本，特别是通过执行替代活动来节约成本。例如，克罗杰公司通常接收八个货盘的可乐，并且由可口可乐驾驶员将它们上入货架以后，并把数据输入计算机。从员工接收产品到输入系统所花的时间为 30 分钟。当订单确认以后，将数据输入电脑，以产生装载、运输单据，并准备好发票，而不需要再重新输入数据。如果可乐驾驶员能够进入仓库，摆放产品并且不需要零售商的参与就可以将产品上架，就可节约大约 500 万美元的成本。

我们的目标是能够决定在流程中的各项活动的成本。糖果通过配送中心时所花费的成本是多少？处理特殊订单的成本是多少？然而，鉴定某项活动的成本动力只是好处的一方面。ABC 还考虑了制定“假设情况下”的成本估价。

表 8.1　　　假设举例

选项一	选项二
售价：15.00 美元	售价：15.00 美元
购置成本：10.00 美元	购置成本：10.15 美元
毛利润：33％	毛利润：32％
使用衣架所用内部成本：25 美元	
总成本：10.25 美元	总成本：10.15 美元
净利润：4.75 美元	净利润：4.85 美元

1000000×0.01＝100000 美元利润差

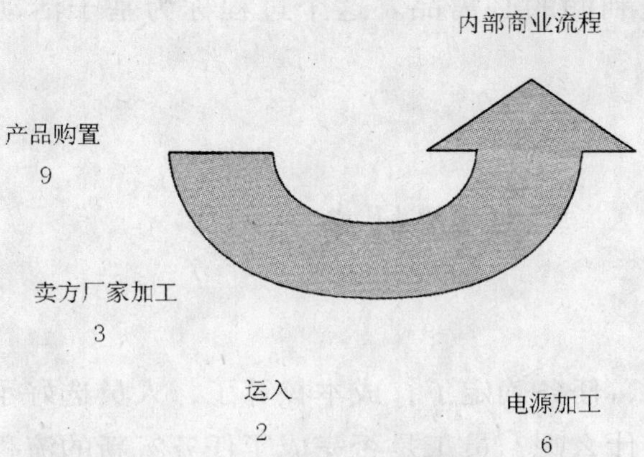

图 8.3　克罗杰的 ABC*

资料来源：克利夫·戈尔曼［1997］，麦克·普尔顿［2002］。泽维尔大学 MBA 课堂演示文稿。

* 数码代表活动号。

例如，如果在配送中心已经准备好了可以将货品直接从车上运送到商店通道的运货托台，情况会怎么样呢？流程的确增加了配送中心的成本，而且你能够决定成本的多少。那么整个流程是否也降低了在后场收货、入库以及将产品运送到通道上的成本呢？如果在后场收货的成本远超过在配送中心所加入的成本，那么就有必要考虑采取替代方法了。其他的替代方式也可以进行评估。“如果”配送公司将产品运送到商场，结果又会怎么样呢？这样的做法是否比用自己的货车开往配送中心提货的成本效益更高呢？

利用 ABC 这个工具，你可以鉴别流程中所有的活动，鉴别所有活动的成本，鉴别哪些活动是流程中成本的主要因素。当 ABC 提供了关于替代选项的数据时，这些数据不一定能够对决策起决定性作用。有的时候在某些活动投入较多的资金也是一项正确的决策，因为活动吸引着能给你带来最大利润的消费者。有的时候活动费用越昂贵，越能使你检测出消费者的反应或者吸引新的消费者。经验和商业战略以及 ABC 数据，在商业流程决策时都需要用到。

ABC，作为一个工具，提供了有用的成本信息。然而，成本不是进行商业决策的惟一标准。成本数据以及你对市场及消费者的直觉是进行风险管理和创造利润的必需品。这个过程称为基于活动的管理（ABM）。

激励制度

组织结构调整了，任务确定了，成本核算了，人员选好了，培训完成了，接下来要干什么呢？员工是否完成了任务？新的流程是否奏效？如果仅仅是对公司期望的行为进行评估及奖励，而对于公司不欢迎的行为给予阻止，例如，如果销售员的报酬仅与本部门的业绩挂钩，那么他们将不愿意参与交叉销售。

> “种瓜得瓜，种豆得豆。”
>
> ——戴夫·汉纳，《设计高效能的组织机构》，1988 年

员工愿意做能够得到酬劳的工作。因此，你需要一个系统来评估、激励相应的行为。用来评估的工具与方法有许多种：[10]

- **财务**

利润与损失衡量，如：利润贡献

投资收益率

- **存货**

周转率

库存水平

库存与销量比

减价金额/损失清算

存货投资收益率

- **预测的准确度**

销售预测准确度

订单预测准确度

突发事件或撤单频率

统一策划和补货预测

●“完美订单”

准时交货比例

接到订单即送货的比例

产品无缺损的送货比例

完成订单的比例

●客户服务

销售点有库存的比例

购物订单填写率百分比

滞销分析

周期

消费者满意度

收益

可靠度

并不是所有的工具在特定情况下都适用。不是所有的工具都能提供有用的信息。你要依据自己的目标选择最好的评估工具。例如，如果你注重现金流，则现金比利润百分比将更加有效。

评估员工行为在组织行为改变中是一个重要的部分。报酬需要与期望的行为挂钩。弗莱明公司（Fleming）对 80 个销售代表进行了培训，使他们成为长期的战略推动者，他们的奖金与他们是否成功地达到自己的销售和利润目标挂钩。BPDirect 要求消费者与销售代表使用一个新的系统，从而提高销售额并降低成本。他们为使用新系统的消费者与销售员提供 Amoco 和 BP 加油站的免费加油卡。卡是分发下去了，然而销售人员只能使消费者在网站上注册一次。

除了奖励积极的行为，另一个办法是打击不受欢迎的行为。如，Dain Rauscher Wessels，Inc.，一家纽约的财政服务公司，将员工的报酬与 CRM 软件的使用挂钩。[11]首先，培训销售代表和研究分析员通过 CRM 系统收集数据并运用黑莓（无线电子邮件寻呼机）账户发送短信及客户数据。员工对软件的应用将受到监控。销售代表无法收到未输入新的CRM系统的任何销售任务，因此打击了仍旧沿用老系统的行为。学习、数据和信息并不能改变大部分的员工。员工通常更愿意执行与报酬直接挂钩、需要评估的行为。他们的口头禅是："什么对我有利?"

如今动态的商业环境需要传统的商业流程有所改变。建立一个与合作伙伴协作执行交互功能行为的组织，从而创造以高效率的方式传送到消费者手中的产品和服务，这是主要的转变。内部商业流程的改革是一个巨大的挑战。

可能遇到的障碍会有很多：人事和财务资源承担的义务、高层管理人员承担的义务、文化转变、组织结构的调整、新式评估方法的建立、与行为挂钩的报酬/激励系统，以及对消费者购物习惯的了解。改革需要与组织的使命和目标相一致。强调消费者的需求必须是所有商业决策中的一个重要的目标。克服障碍并完成组织变革需要关注所有与组织变革相关联的六大要素——结构、任务、人力、信息、决策制定及激励。每个组织都将发展其特有的方案，着眼于这六大要素并为了达到其各自的目标实施不同的流程。

> "许多企业依赖软件并希望万事顺利。或者拿出一个五年的客户关系管理配置方案，过了三年已将目标置之脑后。"
>
> ——雷·麦肯齐，DMR咨询顾问公司，informationweek.com，2001年7月13日

第九章

协作

> “协作是来自企业不同部门的员工，以及商业合作伙伴甚至是消费者，在一个整合的系统中共同努力以提升消费者与企业之间的关系。”
>
> ——杰尼·贝尔舍，Peppers and Rogers 管理咨询公司资深顾问，《一对一杂志（1to1 Magazine）》，2001 年10 月

跨越职能部门分享信息，以及储存在组织内部或依靠外来机构收集的消费者数据共同形成了一个丰富的数据库，当创造产品或服务，或发展其他市场战略时可以随时调用。科学技术的进步使组织里的每个人都能够在需要的时候都能使用数据库的数据。调整内部商业流程是这个新的商业思维模式成功的要素。然而，行驶在这条高速公路上的成功企业并不是各自为营，独立操作的。只有当合作伙伴在赢—赢—赢—赢（供应商、分销商、消费者、股东）的状态下共同努力才能达到效率的最佳点。正如爱德华（J.D.Edwards）在 2000 年 5 月 17 日的《华尔街杂志》一则广告中所描述那样：“要么协作，要么灭亡。”

> “真正的伙伴关系是供应商帮助我们进入到新的流程那一刻开始的。”
>
> ——迈克尔·特普科西，Supervalu 公司董事，《变革的食品商》，1988 年 12 月

自从消费者控制了他们所要购买的产品和服务的地点、时间和形式以后，公司的内部组织的工作重点就必须围绕着发展，上到公司决策者，下到每一个物流人员的畅通无阻的信息共享流程，这样所有与消费者接触的员工（客户接触点）才能始终如一地运作。因此，本章的第一部分着重强调了客户关系管理。本章的第二部分详述了协作流程：从何着手、需要考虑的问题以及应用工具。第三部分重点叙述了通往成功之路的障碍及运用协作商业流程的好处。

> “不能将客户接触点进行整合的客户关系管理工程将注定以失败告终。”
>
> ——莉斯·沙南姆，Meta Group 公司，《商务周刊》，2000 年 7 月3 日

客户关系管理

客户关系管理是一句包含着丰富科技蕴意的“标志”性短语。最初，客户关系管理是用于销售领先及联络管理目的的。在联络管理领域中，公司通过各种方式从不同的接触层面展现给消费者统一的形象，例如，呼叫中心、网站、销售员等。不久，公司就发现他们在不同的接触点都需要记录和分享信息的系统，这样呼叫中心的工作人员、从网站接收信息的员工以及销售代表才能获取最新的消费者信息。例如，瑞士酒店（Swissotel）连接了所有从中间商得来的有关顾客信息、特征习惯和客户档案。结果，当琼斯女士要求预订房间时，北京地区的酒店经理把她的档案调出后，特意为琼斯女士安排了一间靠近电梯的房间，并在她入住的当天预备了羽绒靠垫和一瓶可乐。①

> “客户关系管理是以消费者为核心的基本表现形式。它反映了消费者已成为我们经济生活的动力这一事实反映。”
>
> ——迪克·李，High－Yield Marketing 公司，《商业周刊》，2000 年 7 月 3 日

对于总是能够找到其他产品和服务来源的消费者来说，定制化是很重要的。根据财经服务咨询公司 Speer & Associates 所进行的一项研究表明，147 家提供财经服务的公司中，只有 2％的公司在民意调查中达到了定制化服务的水准。Peppers and Rogers 公司和洛普史达奇全球市场调查公司（Toper Starch Worldwide）的一项近期研究发现，采用关系战略会使公司给人留下深刻的好印象。大约 1/4 的消费

者（26%），在客户关系管理的等级评定中将为自己提供财经服务的公司列为“劣”等，并表示他们可能在接下来的12个月中舍弃某个或多个产品服务。[2]但是只有1%的将客户关系管理评定为“优”的消费者表示他们可能会这样做。

> “电子商务经济的基本意义是，只要有需求存在，你就要随时随地提供系统化的消费者信息。”
>
> ——埃文·金尼金，Giga信息集团客户关系管理部门副总裁，《商务周刊》，2000年7月3日

客户关系管理的广义概念包括消费者生命周期（售前、售后及重复购买）的鉴别和消费者价值观的确定。[3]公司决定需要多少成本吸引愿意尝试产品和服务的消费者，需要多少成本来提供达到消费者需求的产品和服务，需要多少成本来留住忠实用户。对消费者价值观的细分使公司可以完善成本效率方法，在盈利前提下吸引和挽留顾客。并不是所有的消费者都需要同样的沟通方式。通过了解哪些消费者需要什么样的沟通方式以及与这些消费者进行沟通所需要的成本是多少，公司才能设计相应的方式，发展主动性的商业计划。

> “在互联网经济中，你必须在满足消费者需求的竞争中捷足先登，或者更胜一筹——采用敏捷、灵活、快打猛攻的方式——否则你就会灭亡。你最忠实的用户就是那些对你的竞争对手置若惘然的那些鼠标点击者。”
>
> ——《如何在互联网经济中生存》，《食品物流和零售技术》，2001年秋

例如，各式各样的软件随处可得，它们不但能够鉴别处于脱机状态的用户，还可以通知员工A，用户X正在联机，并且弹出一个对话框使员工A能够与用户X在现实中通过网络沟通。如果对你很有价值的顾客需要个性化的服务及关注，而且你所表现出来的对于个性化服务的关注受到了这些消费者的欢迎，那么这样的软件投入将是有利润回报的。另一方面，如果对你很有价值的顾客更喜欢电话交流，

那么能够直接接通客户代表的自动呼叫导入软件会更有利润价值。另外，引导少量的消费者前往设计新颖的网站，也是一种提高成本效率的有效方法。替代方案必须提供消费者想要的信息，否则他们就会选择那些能够给自己提供更好的传播交流媒介的公司。

公司需要一个系统来收集关于消费者及其购物的信息，需要根据价值来细分消费者的方法，需要通过价值为消费者提供个性化服务的流程。然而，确保所有的消费者在他们需要的时候，以合理的价格得到他们想要的产品和服务，这项工程需要的不仅仅是一个公司的努力。相互依赖是这个新范式的关键因素。简而言之，相互依赖就是承认你不能在当今充满激烈竞争的世界单打独干，要想生存就需要互相合作。

合作流程

产品和服务从设计到生产、包装、运输、促销、销售、收款以及维修保养，会涉及许多机构组织。根据 Forrester Research 公司的研究，仅仅一个玩具从点 A 到点 B 的全球装运，平均就有 27 家组织先后参与，而且 26%的大公司物流管理者不能在产品运输途中对其进行监控。[④]这个流程涉及许许多多的步骤和文书：订购单、发票、推销、价格变化、维修项目、资金转移、供应商补货、交货登记、付款委托书、付款通知书、功能承诺、退货通知、功能确认以及发货通知。因为这些文书来自不同的公司，所以需要对这些信息进行整合。[⑤]

“美国食品营销学院在 1995 年的报告中指出：‘当今的供给链是由一系列的私人企业组成的，每个企业都将产品推向供给链中的下一个成员。每笔交易都会增加如下成本：下订单、订单流程、订单汇总、运送、接收、核查或更多。’”

——《金融时报》，1998 年 12 月 1 日

为了自始至终提高供给链的效率，采用这种新的范式的公司通过相互合作，运用实际需求驱动补给系统，从而达到产品从生产线到消费者的统一。这种公司已经不再仅仅局限于考虑全球销售链渠道中的某一个参与者单方面的因素，而是将视线转移到使渠道中的所有成员都能共享数据信息上。许多公司，如凯马特、Ace 五金连锁店（Ace hardware）、Best Buy、Canadian Tire、惠普（Hewlett－Packard）、金百利—克拉克（Kimberly－Clark）和先灵葆雅公司（Schering Plough）等，以及来自纺织、化工、汽车和科学技术行业的供应商都运用了互联网来发展合作流程。[6]

> “对于那些想成为21世纪一分子的公司……有形的存货是基本的。它们必须管理整个供给链中从最初的酝酿者到最终的消费者的存货。在这个用‘电子’激活的世界，我们是可以做到的。但是那些不愿意采纳这些新的实践模式的公司会怎么样呢？在食品行业，它们还有需求的价值，在其他行业，它们将会关门歇业。”
>
> ——詹姆士·E. 莫尔豪斯，科尔尼公司（AT Kearney），物流供给资深副总裁，《消费产品技术》，2001年5月

以往的公司都将其他所有公司视为竞争对手而且从不互享信息。拥有信息并保守信息成为了拥有权力的象征。这种新范式遵循了杰克·韦尔奇的一句至理名言：“分享才能获取。”这些合作商业流程是新型的工作，其所涉及的行为包括分享销售点的数据、分享消费者的信息、分享企业流程的信息，或分享程序改进信息以及彼此分享商业计划。决定什么信息可以分享，什么信息属于保密范畴并不是一件容易的事情。通过将着眼点放在消费者身上来建立一种合作的商业方式是完全有可能的。

文化转变

向合作流程的转变在一定程度上是某种文化伴随着成功所必需的其他因素的转变。首先，高级管理层必须明确支持向合作式商业思维

模式转变所进行的努力。其次，最终的目标必须是为消费者的需求服务。最后，所确定的伙伴与合作形式必须是一种选择性的行为。商业流程的变化是耗时的，需要财务与人力资源，并涵盖主要机构的改革。然而，最大的一块成本是人员——培训、教育以及业绩评估。

> “为了在互联网时代将供给链最优化，你需要有形货物实时到达目的地和流动。”
>
> ——克里斯·牛顿，AMR公司资深分析师，《消费产品技术》，2001年5月

> “像戴尔公司和亚马逊公司（Amazon.com）所使用的网络模式那样，‘消费者进行消费之前，没有人能够盈利。’”
>
> ——帕特里克·科尔南，Dayl Kiernan and Associates公司总裁，《食品物流》，2000年3月

选择合作伙伴是一项重要的决策，必须非常谨慎地进行。你有没有同某个公司简单地讨论过“如果……会怎么样”之类的话题？有没有与你们公司的消费群体相同的公司？有没有哪个公司拥有你们公司需要改进提高的专长或效率？你们公司有没有同某个公司建立相互信赖的关系？有没有其他公司已经在协作经营方面取得了成功？有没有可以通过合作使双方达到双赢的领域？通过对以上问题的挖掘，你可以识别出有潜力的合作伙伴，然后开始与他们协商探讨合作项目的可能性。

许多公司在刚刚起步时拥有的只是个别的供应商或很少的顾客。当然，你也可以从较小的规模开始。怎样才能提高我们的销售预测能力呢？如何才能增加分销流程的效率呢？比如说，来自不同公司的三个人组成了一个工作小组，他们共同研究开发某个项目并发现了一种降低成本的方法，那么他们所取得的成功就可以作为先进事迹进行表彰，并在公司内部推广，并运用到更多更广的合作项目之中去。

在合作计划中为了更好地共享信息，许多机构都进行了重组，改变了与其他合作伙伴交流的方式。他们一改往日公司之间买方和卖方

的点接触方式，取而代之的是每个公司将需要的专业人才组成一个团队，这样一来，在合作计划的执行过程中，具有相同背景和技术专长的人员可以共同工作（见图 9.1）。合作关系模式在相似职能领域之间建立了一条纽带，因此物流人员与物流人员沟通，研发人员与研发人员沟通，信息系统人员与信息系统人员沟通。技术背景和观点相似的人员进行配对，可以改进交流和决策制定的流程。

> “合作需要比以往更多的面对面的交流。需要不断的反馈。需要学习如何与贸易伙伴合作的制度。技术要跟上时代。最好现在就开始。”
>
> ——杰克·海迪克，竞技场咨询公司（Arena consulting），《食品物流与零售技术》，2001 年秋

传统的销售代表和购买者的角色已经发生了改变。随着公司电子业务的发展和订单的自动化操作，销售代表的职能由获取订单转变成了完善合作营销战略。团队的每个成员都必须学会站在战略的角度思考问题，并要不断提高自己与来自其他公司的成员的合作技巧。互联网作为工具不但被用来进行数据交换，而且还用来指导合作计划的实施。

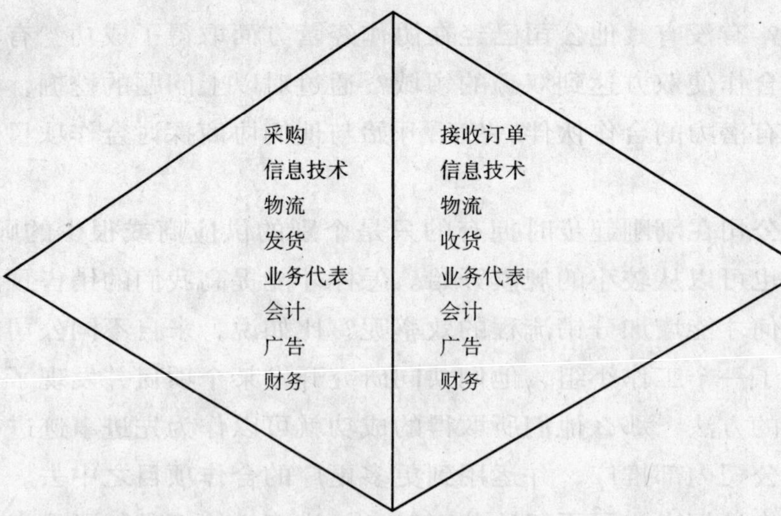

图 9.1　合作关系

转变正在不断以加速度加快。国家购买管理协会（NAPM）及Forrester研究有限公司宣称，2001年第三季度末，使用互联网与供应商合作的购物集团增长了49.5%。[7]大规模的买方合作项目从46.4%增长到了63.5%，大规模的生产合作项目由40.0%增长到了52.4%。它们是那些在高速公路上遥遥领先的公司，它们在消费者想要的时间、地点，以合理的价格提供给顾客想要的产品的同时，也不断地提高着自己的效率。

> “独自盈利不如共同盈利。”
>
> ——马克·汉森，弗莱明公司执行总裁

> “相互合作的公司比独自闭门造车的公司更有发展前途……高效消费者响应（ECR）创造了一种行业意识，但是它不是一种战略。供应链的管理反映了一种特殊的战略。”
>
> ——当·鲍威尔桑克斯，密歇根州立大学，《食品物流》，1999年3月

评分机制

问题在一开始运作新流程就产生了：在这个新的商业思维模式中什么是最佳的实施方案？在实施最佳方案的过程中，公司进展到了哪一步呢？公司是否在某个领域有所进步呢？怎样才能识别公司是否遇到了好的机遇呢？我如何才能知晓我的贸易伙伴正认为这是个好机会呢？要想回答以上问题，我们就要在整个流程中借助几种积分卡来鉴别关键问题并对整个流程进行跟进。美国的高效消费者响应（ECR）集团开发了一种用于消费和包装产品（CPG）行业的积分卡。欧洲的高效消费者响应（ECR）集团开发了一种适用于欧洲的积分卡，而亚洲的高效消费者响应（ECR）集团开发了一种适用于亚洲的积分卡。跨国的生产商和零售商发现，他们必须完成这三种不同的积分卡；这就意味着公司不但耗费了时间而且在内部进行跨区业绩对比时会遇到不少麻烦。

如第八章所描述那样，由全球商务促进委员会（GCI）负责的四个主要行为领域之一就是建立一个全球积分卡，以便概念和定义的标准化，从而推动基准工作的执行。这样一来，公司就会知道自己在某个商业行为中所处的行业位置，并在不同的时间评估自己的进展。全球积分卡包括四个关键的组成要素：需求管理、供应管理、授权者和综合者（参见www.globalscorecard.net）。每一个关键组成要素都包含经营绩效指标（KPIs），而且每个经营绩效指标（KPIs）都具有各自的特性（见表9.1）。根据合作行为的执行情况可以对每项属性进行评分，分数在0～4分之间。

表9.1　全球评分卡

高效消费者响应（ECR）	经营绩效指标（KPIs）	特　性
需求管理	需求战略及需求力	战略方向（消费者价值模式）
		战略方向（目录管理）
	优化分类	分类计划
		分类计划执行
		分类评估
	优化促销	促销计划
		促销计划执行
		促销评估
	优化新产品的导入（NPI）	新产品导入计划
		新产品导入执行
		新产品导入评估
	创造消费者价值	消费者知识管理
		消费者问题解决方案
		与消费者的沟通渠道
供给管理	供给战略及供给力	战略方向
		信息管理
	响应式补给	自动店面订购
		持续供货
		产品流转技术
		运输最优化
		高效单位负载量
	整合以需求为动力的供给	同步生产
		整合供应商
	完美的运作	可靠的存货运营
		可靠的分销渠道
		可靠的产品

续表

高效消费者响应（ECR）	经营绩效指标（KPIs）	特　性
授权者	通用的数据及通讯标准	产品和运输识别 掌握数据 电子数据交换 电子通讯标准
	成本/利润及价值度量	作业成本制 消费者价值度量
综合者	合作计划 电子商务	合作计划 企业对企业

公司的评估小组在使用评分卡时要从本公司内部着手，找出有待改进的地方，并按照与公司使命和目标的密切程度排定先后轻重次序。改变商务流程的含义，如运用基于行为的成本尺度或者转换利润构成，已在第八章中进行了详述。评估小组还要对它的合作公司进行评分，辨别各自的优势及尚需改进的地方，就可以比较不同公司的差异及共同之处。通过差别分析，可以辨别各自需要改进的地方。要想从合作解决问题的角度来为消费者提供价值，就需要双方都有合作意愿。

在举行双方团队的联席会议之前，需要注意几点。准备事宜包括确认本公司的使命、合作公司的使命、共同的顾客群及双方的潜在利益。如果仅仅一方可以获益，伙伴关系就无法建立。为了使合作的各方均能受益，在会议本身的准备阶段，所有成员都必须确定一个指导原则，那就是关于评分的讨论不是关于某个人完成任务好坏的评估，而是公司合作行为的评估，因此讨论应该着眼于公司的系统而不是某一个体。评分过程需要有规律地进行，因为评分最主要的部分不是分数，而是在追求合作行为的过程中相互的改变。在评分联席会议中，你和你的合作伙伴将确认合作项目，决定目标，并列出在评估过程中所用的衡量标准。

这个过程不同于传统的商务讨论，每个人都知道如何在传统模式中进行交易，而向全新的商务流程转型是具有风险的。新的运作方式是怎样的？我们应该做什么？我们是否能够成功？如果成功了，我们能得到什么好处？如果不能成功，后果又将如何？在了解和实施这项新的运作模式的整个过程中，你必须同时兼顾以往的工作方式，因为公司不会轻易地放弃现有的运作方式。在试行新的商业模式的初期，如果必要的话，可以在一定的阶段实行新旧交替的双轨制。

障碍与好处

当你运作新的合作流程时，首要的问题是："你如何同以前从未建立信任关系的合作伙伴建立信任关系？"总有人需要迈出第一步并开始与他人共享信息，永远记住，协商时要以消费者的需求为重。由克特·萨蒙联合会（Kurt Salmon Association）向高效消费者响应执行委员会提供的调查结果表明，建立信任需要花费 9～12 个月的时间。[8]这不是一个简单的过程。

> "理念是非常简单而直白的，但理解两个公司之间的细微差别与特定状况是需要相当一段时间的。需要时间予以关注。"
>
> ——阿特·卡来尔，Pharmavite Corporation 有限公司，《食品物流与零售技术》，2001 年秋

当双方公司的团队开始共事以后，对于标准、目标或流程的误解可能会产生混乱。区分工作的优先次序尤其重要。团队合作需要选择成效显著的项目。团队需要花时间来阐明项目所包含的活动内容，从而达成目标的统一，并且罗列用于业绩评估的衡量工具。这个过程需要一段时间，但是如果这些决定不能尽早阐明，最终会导致合作的破裂。

当合作团队开始共事时可能会产生一些问题：（1）组织文化可能不像其他东西那样容易融合；（2）两个公司可能具有不同的目标；（3）重心可能偏离了消费者的需求；（4）一方没有执行合作项目的迫切需求。[9]对于公司来说，内部组织在市场中拟订和执行计划时，任何障碍都会是协调前方的决策人员和后方的物流人员行为的绊脚石。

如果问题无法解决，合作关系就无法继续。

> “如果你能够稳定产量，而且工厂设备也没有任何问题，那么你就能够降低10%～15%的生产力。但是那需要增加大约40%的产量，并且需要合作、规划、预测和补给（CPFR）系统的运作，这种设想很快会实行。”
>
> ——杰克·海迪克，竞技场咨询公司（Arena Consulting），《食品物流与零售技术》，2001年秋

Covisint，一家网上汽车市场，是致力于合作的实例。[10]公司成立之初，目标是在汽车行业创立一个中心式的公共电子市场，让所有的会员公司来分摊这个市场所需的费用。通用（GM）、福特（Ford）、甲骨文（Oracle）、第一商务（Commerce One）承诺共同合作设计一个共用软件包以供整个行业使用。然而，最后的版本却扩展到了允许公司将专用交换机作为主机，以及为大的生产厂家独立运作网站提供通路服务。此外，宝马（BMW）、本田（Honda）、罗伯特·博世（Robert Bosch）、丰田（Toyota）、大众汽车（Volkswagen）和其他的厂家都开始组建它们各自的专用交换机。从此点上说，合作的初衷并没有实现。有评论批评说，公司被金钱利欲所驱使而不再以最终消费者为重心。在这个行业中没有数据交换的共同标准，也没有达成协议授权某个实体或组织制定标准。从这个角度来说，在这种情况下的合作项目是毫无前景的。

每年由Meta集团对供应链合作方的145家美国公司所做的调查显示，虽然有些障碍涉及技术标准，但是许多障碍却是由于缺乏信任、文化抗拒、缺乏认知、上层管理层不敢承担责任或缺乏厂商的支持等原因引起的（见表9.2）。[11]

表9.2　　高科技供应链管理合作的十大障碍*

评　分	主　题
6.80	技术/综合成本/复杂性
6.63	贸易伙伴对技术不够精通

续表

评分	主题
6.55	缺乏明确的利益/投资回报率（ROI）
6.26	对于新的贸易伙伴思维模式的文化抗拒
5.97	直到目前为止，为合作而设计的网络中心应用程序仍很少见
5.85	缺乏技术标准
5.68	害怕向商务伙伴泄露版权信息
5.51	缺乏解决方案的认知
5.46	上层领导人不敢承担责任
5.35	缺乏厂商对合作流程的支持

资料来源：经《振兴衰退的供给链》许可后再版，美国市场协会、META 集团有限公司出版的《市场新闻》，2001 年 9 月 10 日，第 3 页。

*评分 1～10 分，10 分为最大障碍。

成本

合作模式的成本是多少？首先，培训费用是昂贵的，但又是通向成功之路必不可少的。所有的员工都必须了解如何使用新系统或先进的科学技术。其次，安排员工的培训时间也要消耗成本。再次，设备和技术（店面设备、卫星、计算机等）也需要成本。最后，要有教育投资，使员工认识到改变的发生及其原因，尤其是这种改变所带来的成效。

合作的好处

尽管实行过程并不容易，但它却促进了商务活动以及贸易的增长。[12]首先，企业发现，它们更加了解自己的贸易伙伴——为什么它们按部就班地运作，为什么它们循规蹈矩地处理信息，或者为什么它们不能提供某种格式的数据。其次，相互讨论产生了更加协调一致的共同目标——各个相关业务职能部门的人员倾听了讨论背景以后，可以提出疑问、澄清问题，从而理解他们即将执行的新工作的基本原理。再次，在罗列度量标准中发现检测进度的方法——小组成员可以评定进度并断定项目是否顺利。最后，也是最重要的一点，合作伙伴之间的相互讨论变得富有战略性——与以交易或新的促销为基础的决策不同的是，成员制定决策的基础是，某项活动的最终结果是否会更有效地满足消费者的需求并增加价值。[13]

> "速度——发现、预见某一现象的发生，并对这种现象做出反应——是基本的要素。"
>
> ——瑞克·卡门，Dechert Hamp&Co. 公司常务董事，www.ideabeat.com，2001 年 8 月 8 日

有些初步研究论述了某些合作经营的好处。例如，1995 年对 361 家公司所做的一项调查结果显示，库存量降低了，生产能力增加了，并且毛利润也提高了。[14]一旦这些收益公开，就会有更多的公司寻求合作经营了。

在五金和家居行业中，True Value 为 7000 多个独立的零售商服务，从 2500 家供应商进货，并且拥有 14 个分销中心。True Value 的供应网络状况，是厂家的服务水平是 75%，提供给消费者的服务水平是 85%，厂家从接收订单到供货是 28 天，并且货物从码头到入库所需的时间是 5 天。迫于顾客不满和现金流的压力，True Value 开始与八家厂商制定合作贸易计划。其宗旨是创造良好的销售预测，发现特定问题并合作解决。当执行了合作计划以后，厂商变成了库存分析家，决定着什么产品在什么时候送达零售店。结果 True Value 通过分销网络降低了 10 亿美元的库存。毛销售额增加了 10%～20%，国内外的物流运输成本减少了 10%～30%，促销服务水平提高了，并且预测的准确度和为零售店服务的水准也提升了。[15]取得这样的成果以后，True Value 准备将合作方式推广运用到其他厂家身上。

许多公司准备安装使自己与贸易伙伴在某一市场领域互利互惠、相互协作的合作、规划、预测和补给（CPFR）软件。零售商为那些以匹配消费者的供需为目标的制定销售预测的供应商提供专有的信

息，如销售预测及销售点数据。[16] 1999 年，凯马特和金百利—克拉克公司开始实施这种方法，从而可以确定长达 52 周的滚动预测和为期 17 周的促销销售额预测。合作伙伴利用这些预测监测销售，根据消费者实际购物情况调整订单。合作伙伴可以减少额外的库存并通过比较实际销售额和预测销售额的差异增加现货供应。

> "毫无疑问，合作、规划、预测和补给（CPFR）是真实可靠的。"
>
> ——约瑟夫·C. 安卓斯基，那比斯科供应公司（Nabisco Supplement）前消费者营销运作副总监，《食品物流和零售技术》，2001 年秋

AMR 研究有限公司发现，使用合作、规划、预测和补给（CPFR）流程，无论是生产厂家还是零售商都受益匪浅。[17] 生产厂家的补给周期提高了 12%～30%，销售额增加了 2%～10%，顾客服务提高了 5%～10%。零售商的货架存货周转率增长了 2%～8%，销售额提高了 5%～20%，物流成本也降低了 3%～4%。这种提高不仅是成本的降低，而且还减少了紧急生产作业和对零售商的紧急调货。[18]

> "你所要做的就是更正某个偏离轨道的促销订单，而合作、规划、预测和补给（CPFR）流程可以自己承担成本。"
>
> ——丹·万·哈蒙德，凯马特供应链管理副总裁，《消费产品技术》，2001 年 2 月

根据顾客购物情况可以更准确地预测和监控库存，从而提高效率并减少供应链中的库存成本。然而，运输的成本和流程仍然是一个问题。平均来说运输成本大约是营业额的 6%，而且许多货车并未满载或者是空车返回。[19] 例如，蓝欧雷克斯公司（Land O' Lakes）的报告指出，60%～70%的运输线路并未达到卡车的满载量，50%的货车是空载返回的。合作运输可以优化货车及其他运输资产。也许可口可乐和百事可乐永远不会走到一起，但这两家公司却可以与另外的公司合作，如 Agilent，一家医疗器具的制造商。通用制造厂（General Mills）、卡夫（Kraft）、那比斯科公司（Nabisco）、宝洁（Procter & Gamble）及桂阁麦粉公司（Quaker Oats），正在试行可以将运输成本

降低 4%～10%的合作运输。运用这种方式，不同公司可以将小批量的货物搭载在将近满载或空载返程的货车上，这比空车返程要好得多。

> “网络市场正在重新定义贸易方式。共享知识是惟一被视为有竞争力的武器，合作是惟一得到共享知识的途径。”
>
> ——《食品物流和零售技术》，2001 年秋

总　结

许多合作正在试行中，许多公司经过尝试取得成功后，开始扩展合作行为的领域。成功的一项关键因素是建立一整套可以使数据在贸易伙伴中进行交流的技术标准。零售商和生产商必须在技术、人力和培训上进行投资。然而，成功的一项基本要素是要确保这些投资在思路上与公司的使命相一致。你只有清楚地知道自己想要达到的目标才可能有所发展。

> “合作已经成了有目共睹的事实……如果操作得当的话，它可以大大降低供应链的成本。它可以确保恰当的产品及时到货。并且在顾客需要的时候，他们踏入你的商店，找到他们所想要的东西，这样他们在你的商店感受到了愉快的购物体验，就不会再去选择其他的商店，这就意味着你的商店会从始至终保持高营业额。”
>
> ——杰夫·史密斯，安达信咨询公司安达信消费产品服务部，电子商务管理合伙人，《食品物流》，2000 年 11/12 月

你的目标要始终与消费者的兴趣一致，否则你就会面临失败。消费者不但掌握着他们要买什么，什么时候买，以及送货的方式，而且他们只愿意支付他们认为合理的价格。你的公司需要进行调整，使消费者能够运用他们选择的媒介与你们公司进行畅通无阻的互动。通过

以消费者购物为基准的补给决策，公司将发展更有效率、成本效率更高的无缝式供应链。公司之间的数据交换，最佳价格的确定或替代产品、服务的评估，并不总是那么直白、简单的。中间商在维系公司与公司或公司与消费者之间的关系中扮演着举足轻重的角色。

内部商业联盟的方式和发展合作商务的方法导致了效率的提高。如果这些方式还以消费者的需求、选择及喜好为基准，那么公司最终将走向成功。由于消费者的改变，你的公司不但要时刻准备观察消费者的态度和喜好，而且还要不断改变商务流程来有效满足消费者的需求。

新的商务思维模式不是孤立地采用最佳商业行为，而是在整个过程中，当你的公司在发展更好的合作商业行为的时候——永远将自己的视线关注在消费者身上。

> “每天早晨当非洲羚羊睁开眼睛的时候……它就知道必须跑得比最快的狮子还要快，否则就会被吃掉。每天早晨狮子醒来的时候……它就知道自己的速度必须超过最慢的羚羊，否则它就会饿死。其实你是狮子还是羚羊，这都不重要……当太阳升起的时候，你最好开始奔跑。”
>
> * * *
>
> “顾客是惟一能解雇我们所有人的人……”
>
> ——山姆·沃尔顿

第四部分
现实世界中的应用

> “互联网的普及和技术联盟，将从根本上改变我们在家或在办公室处理商务的方式方法。它将瓦解许多行政、营销和分销渠道中开销巨大的官僚机构，像生产线革命极大地降低了产品成本。电子通讯和商务使得企业可以定制产品和服务，从而以当今标准化的产品成本来满足个性化需求。普通消费者将逐渐能够承受曾经一度被视为奢侈品的产品和服务。因为商务可以个性化并且可以降低成本，所以消费者就能以更优惠的价格买到更好的产品。”
>
> ——哈利·S. 但丁(1998),《咆哮的21世纪初年》

行驶在高速公路上的公司采用了以消费者为核心的商业流程并贯彻执行着本书中所讨论的方法。这些公司已经体验到了成功的快乐，并坚信成功必将属于自己，他们在这个旅程中坚持不懈地努力着。在斜坡上观望的公司也开始尝试部分流程和方法，他们体验了挫折和成功。他们沿着这条路走走停停，偶尔也会迷失方向并需要一些鼓励。剩下的1/3的公司没有采纳以消费者为核心的方式，他们面临的是危机四伏的境况，并且不得不靠缩减成本来聊以维生。

没有哪个公司使用所有的工具，没有哪个公司能够面面俱到。根据公司的使命和消费者的需求，每个公司选择可以确使其获得成功的最有效的工具和方法。本部分的第一章将各个公司如何采用特定的工具或流程取得成功的一幕幕，展示在读者面前。本部分的另一章列举了作者认为在以顾客为中心的运作范式中或某种方法和工具的使用中最常见的问题。

第十章

成功案例

随着信用卡和互联网的普及，消费者现在掌握着统治权。他们可以在需要的时候，以他们愿意支付的价格从零售商、经销商、中间商或生产商手中购买产品或服务，并且决定着货物送达的时间及方式。这种状况从根本上改变了商业的局面。消费者不再青睐当地的零售店，不必再前往零售店去订购产品和服务，期望在特定情况下能够使用对他们最方便的通信工具（传真、电话、互联网或亲自上门），期望某个公司所有的沟通渠道都是相互协调的；零售商和生产厂家必须更多地考虑如何将信息、产品和服务传送到消费者手中，而不是仅仅坐等着顾客上门；成功需要合作和竞争。这种种变化需要信息、产品和资金的有效流通，所以商务流程必须进行改革。

1992 年，食品杂货和消费包装产品业在整个行业内进行了大规模的创新，其中包括对现有状况的分析、潜在成本节约方案的开发、新型商务流程初步研究的设计和报告、四十多本最佳商务实践书籍的出版等。这种大规模行为席卷了整个行业，供应链中从生产商到消费者的每一个成员，识别、试行、推广着新的商务流程。其他的行业，如五金器件、食品服务和健康保健行业，也根据各自不同的目的推行着新的商务流程。

尽管行业千差万别，这些试行的案例和所报道的成功故事却都有一个共同的基本思路，那就是以满足消费者的需求为重点。公司在为消费者提供产品和服务以满足其个性化需求的同时，需要权衡如何降低成本和/或提高效率。此外，公司在建立商业流程来平衡竞争需求的同时，必须在需求和供应链中相互协作配合。

由于行业、产品和环境的差异，可能会出现不同的特殊需求、挑战和困难。然而，建立以消费者为核心的商业流程却是基本的思路。本章列举的事例论证了各行各业、不同商业状况下，各个公司如何运用以消费者为核心的理念。适应商业环境的变化并以灵活的方式迎合消费者的需求是成功的关键因素。然而，商业流程改变的基石是根据特殊的顾客群体需求进行调整的理念。

瑞德公司（Rite Aid）

鲍勃·米勒，瑞德集团的主席和首席执行官任职大约八个月后曾说，如果自己能在进入公司之前就了解药物连锁店存在的问题，他就不会加入公司了。[①]高层管理组制定了一个激发员工主动性的战略，内容包括六大部分：关心顾客，善待员工，研发产品推动销售，提高瑞德公司药品生产形象，运作一流的店铺，与厂商建立信任关系。米勒说服了零售店的三方信贷投资人保持适当的耐心。后来，他所提议的计划逐渐显出成效，销售额慢慢增加，公司扭亏为盈了。

西南航空公司

2002 年西南航空公司的市场份额占美国 9 个主要航空公司的 6.6%，然而它却占整个国家依靠低票价竞争市场的 90%。[②]西南航空公司关于保留其全体员工并维持原有飞行航班的决定不但对短途旅行或长途的洲际旅行消费者具有重大的影响，而且对票价和服务也起着举足轻重的作用。它也许会向更广阔的市场扩张，甚至为国际长途旅行服务提供更优惠的价格。它可以在整个行业面临越来越大、越来越强的危机的时候脱颖而出。西南航空的利润公式依靠的是保持低廉的成本——餐点的节约——并且从飞机日用品中尽可能地挤压利润。之所以能够做到这一点，其主要方式是上货和卸货的时间仅为 20 分钟。

星巴克

星巴克是真正了解消费者并通过满足消费者个体的价值瞬间需求在竞争中得以生存的最佳典范。[3]首先，星巴克树立品牌意识——星巴克等同于美味咖啡。星巴克的小小店面遍布世界的每个角落，只要有消费者，就有星巴克为他们开辟的一方诱人雅致之所，它们推出了直邮销售渠道，其中包括每月咖啡俱乐部，除了那些咖啡店以外，它还在机场设立了咖啡亭，并成为了联合航空公司惟一指定的咖啡供应商。通过这种灵活的方式，星巴克在不同的时间和地点——满足另一种价值瞬间需求，从而赢得了更大的利润空间，同时也提高了自己为目标顾客服务的能力。为了不断迎合消费者的喜好，星巴克在一家咖啡店试行一种新办法，如果取得实效，再向其他的咖啡店推广。

黄金猫

1993 年，黄金猫通过许多经销商和零售商客户，其中包括 H.E. Butt 食品杂货店、汉纳福兄弟连锁店（Hannaford Bros Co.）和 Wegman's 食品市场公司来试验持续补货方法。[4]其中最成功的是公司与舒纳克市场公司（Schnuck Markets, Inc.）的合作。公司推行了一个项目，对整个市场概况、趋势和装箱机在宠物通道战略方针中所扮演的角色进行调查，结果表明，虽然在这个项目中投入的资金不少，得到的回报却微不足道。如今的舒纳克市场公司（Schnuck Markets, Inc.）与 45 个厂家实行连续补给系统，占其主要食品日杂总店量的 50%。运用持续补给后的产品周转率增长 20%～35%。

施耐宝公司（Snap－On）

施耐宝公司（Snap－On）手工工具占公司生产线的40%；它们还销售诊断系统、自动化电梯、校准系统、诊断软件，提供详细运输服务信息，以及世界范围内汽车技师的培训及服务等。[5]在20世纪90年代中期，鲍勃·康诺格，施耐宝公司（Snap－On）的首席执行官就提出，把施耐宝公司（Snap－On）从个体修理技师和修理店扩展到为工业客户服务的公司，并且兼并当时市场上出现的熟练的自助修理师。他要提高公司的全球覆盖面，并将产品生产线从单一的工具发展到诊断系统和软件，以及技师工作所需的其他产品。1998年年初，鲍勃·康诺格意识到因特网和电子商务可以帮助施耐宝公司进一步发展自己的“虚拟店铺”的设想。

施耐宝公司将消费者和经销商与公司的企业计算机系统直接连接起来，使他们能够实时登陆产品目录和价格表，在网上订货并查阅订单执行情况。从产品信息开始，通过运用计算机硬件和软件来创建一个“虚拟店铺”；消费者（经销商和最终用户）可以直接从因特网上购买产品，与施耐宝公司的员工沟通，或从某个经销商的网站获取支持。最初运作的三个月中，在施耐宝公司网站注册的用户就达到了9万人。施耐宝公司美国的经销商与市场中80%的客户保持着联系。

施耐宝公司坚持不懈地追求自己的宗旨，为全世界的专业技师提供与品牌相一致的体验。做到使经销商满意则是施耐宝公司通过客户消费感受不断取得成功的关键。现在施耐宝公司为消费者提供了充分的便利条件：通过网上购物并且在一周内通过邮寄或友善的施耐宝公司经销商亲自送货上门。消费者可以网上购物，如果对产品不满意可以退货。消费者也可以去商店购买，接触并感受产品，听取建议，或者在深夜给经销商发送邮件征求意见。

因为施耐宝公司与顾客进行多触点、多渠道的接触，所以所有的顾客都会有强烈的消费感受。它们成功地将单一的、整合后基础设施推广到了所有的渠道和接触点上。由于施耐宝公司抓住了渠道——首先是它的工业客户，然后是新的消费渠道，再次是经销商和他们的客户、电子市场制造商，以及其他的渠道伙伴——公司仅仅依靠一个单一的、统一的产品数据库得以生存。无论客户是谁，也无论客户通过什么渠道前来购物，当看到适合自己消费的价位时，每一个消费个体都会对施耐宝公司的产品和服务拥有同样的消费感受。

Dorothy Lane

在俄亥俄州的代顿，Dorothy Lane 的商店充分利用了自己处于中产阶层居住区、1.5 万平方英尺的有限面积。[⑥]商店的经营方式丰富：熟食、店内厨师、一个大的面包店（因“Killer Brownies”而著名）、像星巴克一样的店内咖啡吧、大量的肉类和鱼、花店等。在传统的购物中心范畴中，Dorothy Lane 受到了格外的惠顾。例如，Dorothy Lane 只有三种淡黄色芥末品种——其中两种是最流行的品牌，另一种有两个不同的尺寸——而每一个品牌都有几种不同的风味。

巨鹰和休伯特公司
（Giant Eagle and Hubert Co.）

个人贸易网是连接消费者、供应商和经销伙伴兴趣的一种新兴工具的代表。巨鹰和休伯特公司相互合作发展个人贸易网络。[⑦]在这个新的运作系统中，巨鹰和休伯特公司的采购代理能够通过安全的网页连接进入休伯特公司的电子目录并在网上订购器物。新的交换系统使整个订单和购物流程更加有效而快速；所有的文书工作都在系统之外完成，从而使成本节约了 20%。尽管最初的目标是降低成本，而最终却是双方由于有效的合作而共同受益。巨鹰公司的副总裁史蒂芬·塔萨罗说，他们花费了将近一年的时间来磨合新系统，现在用户已经在控制中了。采购专家通过上网、输入密码、下达订单——而且整个过程都是安全的——完成两千多种小器物的订单送货。

休伯特公司已经与万豪酒店和饭店建立了一个类似的专用交换系统，并减少了不少文书工作，从而更快地将订单货品送往店铺，更好地报告和进行实时状况跟踪，实行流线型单据流程以及店铺之间的统一协调。

美国国家半导体公司 (National Semiconductor)

美国国家半导体公司闻名的原因是因为它最早设计了创新的电子商务，从而节约了顾客的时间。⑧它们与三种截然不同的目标顾客建立了深厚的关系：影响产品购买的人（如设计工程技术人员）；实际进行采购的人（如采购代理）；经销商，购买者不仅可以从这些经销商手中获取美国国家半导体公司的零配件，而且还可以通过他们填写采购单位所要生产的每项产品所需的原料单据。

如今，世界上一半的设计工程技术人员每月至少访问美国国家半导体公司网站一次。58%的访问者是国际用户。用户每个月下载 40 万份数据表格，每个月下达 2.1 万张订单，使用 7 种不同的搜索工具，运用 10 种不同的语言进行交流，并且每个月会收到那些不但具有会员资格并且已选择了他们所要购买的产品的用户的 4.8 万份网络建议。

1999 年，美国国家半导体公司开始正式实施其最初设想的宏伟客户蓝图：推出一系列具有设计能力的工具供工程师设计更完美的产品。公司对用户进行调查，询问消费者还需要什么产品，得到的答案有两种：进行完整设计所使用的热传导模拟工具和设计多条电话线路上网的能力。公司非常重视发掘困扰客户的问题。于是菲尔·吉布森开始观察网上的点击流量，并分析其模式。只要他能够了解客户想要做什么，他就能尽量为客户减少不必要的点击量。每天早上，他都会把头一天用户使用频率排名前200名的搜索用语打印在一张表格上。他仔细地审阅这张表格，然后考虑网站需要立即进行什么样的调整以便用户更快捷地找到他们所要寻找的东西。通过这项工作他还另有收获：只要用户开始在这个网站搜索其竞争对手的零配件，他能最先知道。公司还检测和监控有关客户行为的模拟设计数量。通过前端设计流程的深入开发，美国国家半导体公司能够更好地预测自己需要生产的设备数量。

美国国家半导体公司的业务目前正在以每年30%的速度增长。由于线路设施更具综合性，每个电话的产品价值从原来的2美元涨到了20美元。如果消费者在美国国家半导体公司线路设计初期就很满意其产品，那么公司就绝不可能在设计的中期更换供应商。18个多月之后，美国国家半导体公司发现每项设计平均为用户节约了43个小时的时间，成本平均节约额为2580美元。在这些工具上市的第一年，用户的设计样式达到了20800种，用户总共节约了5300多万美金。与节约金钱和时间相比，更重要的是增加了效率。用户现在可以在设计最终定稿之前反复修改。

菲尔·吉普森及其团队所做的就是站在消费者的立场，设身处地地为他们着想，让用户在工作中节约宝贵的时间。在这个案例中，消费者成为了合作伙伴并为新一轮的革新提供建议。美国国家半导体公司的整个团队都实施着用户的需求和建议的每一个环节，其中包括成本/收益分析、运作模拟设计、准备原料清单、订购零件并进行设计的试运作。此外，如果顾客需要非美国国家半导体公司的零配件，美国国家半导体公司不但要提供信息，而且还要帮助客户与经营这些零配件的经销商取得联系。

EATZI'S

EATZI'S是达拉斯一家面积达8千平方英尺的“商店”，它的前身为布林克尔国际（Brinker Internal）。[9]为了弥补超市和餐厅之间的差距，EATZI'S提供各种产品，包括专门批发新鲜熟食、沙拉和烘制产品，以及部分的食品日杂如饮料和小吃。旗舰店每天24小时12个厨师当班，并且通常用餐高峰期间停车场都会爆满。公司在亚特兰大、纽约、长岛和马里兰都已经开设了分店。

西门子（Siemens）

西门子公司一度生产了世界上最耐用的电话，它们自己设计和生产每一个螺钉螺母，对产品质量非常重视。[10]德国电器巨头西门子公司生产的早期移动电话需要花费工人13个小时。愿意承担这种电话成本的人并不多，到了1998年，西门子公司在全世界移动电话制造商中的排名滑到了第9位，损失巨大。德国制造企业集团（The German manufacturing conglomerate）生产的产品范围非常广泛，从气涡轮发动机、有轨电车到电灯泡，而且拥有开发产品的优秀工程技术人员，并希望有人能够收购它们公司。西门子公司认识到成功还需要市场、能够跟随潮流的款式以及对成本的极度关注。执行总裁亨瑞克·冯·彼埃尔正在尝试在公司的集体意识中引入速度、革新和迎合消费者品位产品的观念。面对激烈的竞争，工程技术人员和市场推广人员组成的联合会承担着审核新产品开发、着眼顾客的关注点加强合作、挖掘公司基本生产任务以外的项目、开拓新思路等任务。到了2000年，西门子公司每7秒钟就能组装一部C35i型号移动电话。每部移动电话需要 5 分钟生产时间。革新的过程是痛苦的，但是所得到的回报却是明显的。公司的利润飞升，股价也比 1999 年翻了两倍。在电子商务的冲击下，西门子公司在短短几年时间内，网络销售的营业额占总销售额的 50%，节约成本数十亿美元。Unisphere 公司的首席运营官汤姆·勃卡兹抱怨说，使西门子公司认识新经济的规则是非常艰辛的，它仍旧背负着许多中层管理人员抵制改革的重担。

特易购（Tesco）

特易购（Tesco）是一家英国的全球超市连锁店。[11]大型超市连锁店之间的竞争就像一场激烈的“家庭肠胃”抢夺赛一样，其中许多连锁店的法宝是价格竞争。特易购所竞争的却是顾客的忠实度和消费感受。特易购在各地的价格是有竞争力的，所以对于消费者来说是一个实惠的购物场所。更重要的是，特易购清楚地知道自己的顾客群体是谁，同时随着时间的推移，它们与顾客的感情也逐渐加深。特易购想顾客之所想，忧顾客之所忧，包括什么物品快缺货，购物车的往来速度可以达到多少，如何具体实施世界各地网络服务点的服务项目等。

1997 年底，通过电话订购的 Tesco Direct 形式还是特易购公司的主要运作方式。加里·撒金特将重点转移到流线型操作，并且紧缩业务以便于提供网上购物。采用的是店内操作模式，因此每个顾客都可以在最近的、经常光顾的商店通过网络购买到与当地商店同样价格的产品。这种方式确保了价格差异，而且与当地的商店相比，价格同样具有竞争力。通过把网上购物申请单与每个商店的库存直接挂钩，从而避免了顾客想要购买的产品短缺的现象。另外，消费者通常比较了解当地商店所供应的产品。每个商店的服务人员可以把每个消费者所喜爱的产品记录在案以确保这些产品不会出现短缺现象。

特易购网络购物者的“购物篮”比店内采购者的购物篮的效率平均高二到三个百分点。网站在交叉销售和额外促销等方面做得非常好。当一个消费者在查询某一商品（如面包）的时候，其他相关产品（如柠檬果酱或黄油）就会立即跳入屏幕。特易购 Direct 团队非常重视消费者的感受。他们对及时送货、订单的准确率和消费者的满意度进行监控。他们模拟消费者的网上购物体验来主动监控端对端顾客的体验。在这种监控状态之下，顾客一旦遇到了困难，特易购就能及时给予援助加以解决。

美国奥的斯电梯公司（Otis Elevator）

奥的斯是世界最著名的品牌之一，其顾客遍及两百多个国家，并且其标准联合网站已有多年的运作历史——大多数是英文而且不是交互式的。[12]2000 年，管理层一致同意奥的斯网站需要升级以适应销售额的不断提高和降低成本的需求。于是公司面临着建立多个网站的挑战，以及建立内部规章制度使世界各地的市场策划人员和销售人员互相配合参与到这个项目之中。首先，整个团队必须决定是要在每个国家建立独立的网站还是选择一个大型的适用于全世界的奥的斯网站。为了创立一个全球形象，他们决定建立一个全球网站。相比而言，全世界两百多个网站的安装、维护和管理的费用要昂贵得多。研发小组在 Otis.com 网站建立一系列地方网站模板：

●公共导航栏（最初有 26 种语言）

●标准的网页版面设计

●每次限量为 30K 的个人网页容量快速下载

●交互特征，包括用户注册和一个“自我设计项目”工具

●输入到邮件管理系统，然后输出到当地客户服务代表和销售代表的一系列邮件信息申请表

●每个国家的总部要求选定一名网络管理员负责网站内容的管理，选择一名市场员负责相关网络营销。

在传统销售向电子商务文化转型的初期，许多销售代表都有恐惧感。正如销售数据所显示的那样，显而易见，通过网站使用交互式项目设计工具进行交易的客户和潜在用户越来越多。因此，奥的斯要求销售代表在做业务拓展的时候通过网站帮助用户建立第一个项目计划。奥的斯通过每个地区、每个客户、每个销售代表所报告的项目存档数字来评估销售代表的业绩。奥的斯还会检测每个网站收到电子咨询邮件后，工作人员回复信件所用时间。为了鼓励更快速的回复速度，地方网址互相进行监督检测。

自 2000 年 3 月首次升级的全球网站成立以来，奥的斯公司的浏览量增加了 150%，每个月访问人数高达 12 万。在一支充满活力的销售队伍的支持下，67%的访问者注册成为了会员。网站的交互数据取得了前所未有的成功。通过运用交互项目设计流程，已经达成或预计达成的交易次数超过了 2 万次。在网上设计项目的人在奥的斯进行交易的可能性更大。通过奥的斯公司网站索取信息的电子邮件增加了将近 10 倍。大约 40%～50%的电子邮件可以作为有用的销售线索。一旦销售代表开始意识到这些线索的宝贵性，他们的邮件平均回复时间就会以惊人的速度下降。花费在打印材料的费用也会明显缩减。昂贵的直接邮寄广告战现在被视为指定市场的“补充形式”。另外，由于市场策划人员能够在现场提供特殊报价，所以引进了大量的促销形式——例如在 30 天内预订某种产品，提供某些优惠——无须等待艺术加工，快速、迅捷的邮寄或印刷服务等。21 个国家的市场推广人员开始向当地的注册用户“小范围发放”电子邮件促销信息和商讯。数据开发报告显示访问者正在与网站相互结合，共同学习如何才能使网络运行效率更高。

第十一章

常见问题

向新的商业思维模式转型并不是一件轻而易举就能决定的事情。通过为消费者提供价值来作出商务决策和战略重点的选择，其内容包括采纳新的商业流程、新式商务行为、先进科技的整合以及新的激励系统等。所提出的相关问题包括什么时候学习这种新的商业思维模式，什么时候开始实施这种新的商业流程，什么时候执行特定的商务行为等。我们在本章中列举了最常见的问题及其答案。

何谓新？我们一直以顾客为重……我们的座右铭是“顾客永远是正确的”

供应商和经销商都认识到他们双方都没有“权力”，所有的权力都已经转移到了决定购买什么产品，什么时候购买，如何购买的消费者的手中。消费者可以不再受地域的限制，他们能够或者会从本土以外的供货商那里购买产品或服务，这样的意识不但拓宽了竞争的范围，而且还降低了消费者对当地零售店的忠实度，强化了价值的重要性。通过迅速回复消费者咨询并提供各种形式的个性化服务，从而加深公司业务代表与消费者之间的感情，这样的商务流程所提供的产品和服务将会远远超出消费者的满意度。这种模式转变涵纳着新的商务流程，所有的商业行为和决策都是以提供消费者价值为重点的。

整个流程——叫做高效消费者响应（ECR），或及时供应制(JIT)，还是其他名字——只不过是一时潮流还是赚钱的空想计划？

在理想的世界里，我们不会给这种流程起任何名字或绰号。我们相信整个重点需要放在改变商业流程、改变产品流程、信息流程和现金流程上。

当我们说了所有的话，做了所有的事情以后，是不是消费者所要的就是最低的价格了？

一个又一个的调查显示，消费者真正要的是他们所消费金钱的价值。价值等式可以包括服务、新鲜程度、供货条件、方便、娱乐，以及合理的价格，并不只是最低的价格。

如果批发商51%的利润来自于交易、促销、提前购货、异地销售、上架费等的“内部利润差”，如果我们消除了旧的商务模式，利润又能从什么地方产生呢？

批发商在反复考虑着他们进入市场的方式以及向零售商收取“分类交易”费用的流程，因此效率高的批发商会从中得益，而效率低的批发商得到经验教训。他们还必须把自己放在供应链的领导者的位置，并且为建立自己独立的分销链提供服务。

你在什么地方增值？

对于需求链中的所有成员来说，这是一个关键的问题。如果你不能够明确地表明自己的价值主张，你将非常容易受到攻击并且你的生存也将受到威胁。

这些新的商业流程看起来对于那些能负担先进科技并有能力加以实施的大公司非常有效。对于那些“小家伙”来说，情况又会如何？……小公司是否注定要留在一个非竞争性的环境中？

这是一个有趣的问题。在食品杂货行业，金猫（Golden Cat）实际上是一个领导行业进行商业流程转变的很小的公司。在这个舞台上，大公司也需要小公司，并随时向小公司伸出援助之手，向它们提供技术。

困难和障碍是什么？其中最难以克服的是什么？

障碍有多种，所有的障碍都能克服。

1. 最困难的是信任，并且在以对抗性的、买/卖关系为基础的环境中努力建立新的信任关系。

2. 另一个大的障碍是勉强或不愿意共享数据。信息被视为力量，而且公司认为它们的数据属于私人财产，所以通常拒绝分享数据。

3. 缺乏来自高层管理人员的明确支持也将注定失败。

4. 这必须是一项长期的付出，并且人力和财务上都需要资源分配。

5. 由于新的商务思维模式需要与交互功能团队合作，而旧的模式支持以个人和部门为重点的独立管理，因此传统的组织结构便成了一大障碍。

6. 必须抛弃旧的考核和激励系统，大力发展支持新的商务思维模式的考核和激励系统。转变一旦失败，势必导致人们回归到旧的模式之中。

如果每个公司都采纳新的商务思维模式，那不是所有的公司都千篇一律，从而失去了各自的优势和区别吗？

那只是乌托邦式的理想完美境界，这种情况将永远不可能发生。从高效消费者响应实行十年来，食品行业只有35%的公司真正采纳这种新的商业模式并取得了显著的竞争优势。另外有35%还在“发展期间”，而剩下的30%将永远不会采用这种模式并且最终被淘汰。

如果信任在新的商务战略中如此重要，你在以对抗性的、买/卖关系和不信任为基础的环境中如何建立信任？

真正的秘诀在于从每一个细小的成功开始，通过由供应商和经销商双方成员组成的团队开发出新的高效率和能够为双方客户增加价值的实践活动。

你说公司、国家和各行各业建立合适的基础建设是非常必要的……你能详细地描述一下这些基础建设吗？

如果你返回到技术那一章（第七章），你将发现这个新的商业流程需要进行基础设施改革项目包含的内容。其中包括硬件/软件需求、产品代码标准、电子数据交换、营销案例中的符号、货盘尺寸大小等。

批发商在电子链接、透明的模式中是否会有前途？

有些批发商通过反复斟酌自己的基本使命和商业计划，取得了成功并在新的环境中生存下来。产品的附加值作为公司的商务主题，在销售渠道巩固并且采取外包物流系统的行业中扮演举足轻重的角色。

所节约的资金如何最终在生产厂家和经销商之间进行分配？

通过提高效率节约下来的资金不进行“分配”。最终的目的是把这些节约下来的资金传递下去，为消费者提供附加值。

是否所有的改革都与技术相关，或者与人员相关？

我们不但要意识到技术对我们所做的任何事情都产生了巨大的影响，还要认识到本书所描述的变化只有20%与技术相关，而80%的变化是人的改变。我们之所以这么说，是因为我们知道执行这些改革所要进行的人员教育、培训和再培训，不但需要投入大量的时间还需要投入大量的精力。其他的“人力”问题是进行沟通所不断需要的

——保证整个组织都了解新的商业思维模式和流程。

如果所节约的资金以附加值的方式传递到了消费者手中，如何才能进一步突破自己的盈亏平衡线？

如果你真的为消费者提供了附加值，你就能通过竞争优势获取收益，通过提高效率降低成本来增加净利润。

网络和互联网商务目前的实施方案是什么？

那取决于在什么时候，你在与谁沟通。实际上，10%～15%的商务方案看起来是合理的。互联网不会统治整个商务，其他零售形式，包括传统的店铺形式，仍会保留自己的一席之地。

你能在合作环境中合法地运作吗？其中的风险有哪些？

当然，你必须保证合法地运作！在实施高效消费者响应（ECR）的最初阶段，需要律师每天出席会议并指导所有的口头讨论和书面决议，以确保各项工作的合法化。真正的风险是由于担心纠缠法律责任而不采取任何措施。

每个公司看起来都在采纳某种忠实顾客方案或回头客计划……是否那就是成功的所在？

显而易见，目前社会上实施的大量计划方案表明，许多企业都认为那就是成功的所在。然而，成功运作的典范，例如沃尔玛，却认为那是不必要的。它们认为，成功依赖的是对它们所有的消费者一视同仁。

沃尔玛在不断地扩展、壮大着……那对于其他公司来说，还有发展前景吗？

尽管事实上沃尔玛的收入超过了2000亿美元，对于其他公司来说仍有发展空间。如果你分析沃尔玛的市场，其中也有许多幸存者，他们正在不断发现自己的生存空间并为消费者提供附加值。

> “顽固地坚持沿用老套的商务思维模式会危及到每一个将自己与未来隔离开来的企业……这种做法就像在出现问题需要进行弥补的时候，仍对每一种商务运作设想持怀疑的态度。”
>
> ——瑞恩·马修斯，食品日杂总部（Grocery Headquarters），2003年4月

注 释

第一章

①Myers, Rich and Jennifer Fan(2001), "429 Million People Worldwide Have Internet Access, According to Nielsen/NetRatings", Nielsen/NetRatings, Stamford, CT(June 11).

②Niles, Dan (2002), "PDAs Have Come a Long Way, Baby", http://news.cnet.com/news/0 - 1273 - 210 - 3287333 - 1.html (September 26); Charny, Ben(2001), "2002: A Merry New Year for Cell Phones?" http://news.cnet.com/news/0 - 1004 - 200 - 7994720.html (November 27).

③Veiders, Christina (2001), "FDI Examines Impact of Consumer Trends on Distribution", *Supermarket News* (September 17), p.6.

④Ghitelman, David (2001), "Rush to Retail", *Supermarket News* (September 17), pp.9, 12.

⑤Vosburgh, Robert (2000), "Study: Food Service to Eclipse Retail in New Food Sales", *Supermarket News* (September 25), p.39.

⑥Singleton, Christopher J. (1992), "Auto Industry Jobs in the 1980zz's: A Decade of Transition", *Monthly Labor Review* (February), pp.18 - 27.

⑦"A Retailing Legend Is Born", Kmart History at www.Kmart.com, August 22, 2001; Donlon, J.P. (1995), "A Glass Act", *Chief Executive* (105) (July), pp .40 - 49; Halverson, Richard (1996), "Global Growth Marked by Guarded Steps", *Discount Store News* (February 19), pp.26, 46 - 48; Kmart's *Annual Report* (1994);

Kmart's *Annual Report* (2000) (ending December 31, 2000) at www.Kmart.com; "Kmart Corp. Closing 3 Singapore Units" (1996), *Daily News Record*, 26 (130) (July 9), p.10; "Kmart Exits Europe" (1966), *WWD*, 171(45)(March 6), p.30; Mander, Kai and Alex Boston (1995), "Wal-Mart Worldwide: The Making of a Global Retailer", *The Ecologist*, 25 (6) (November/December), pp.238 – 241; Pellet, Jennifer (1996), "Kmart's Eastern European Adventure," *Discount Merchandiser*, 36(4)(April), pp.26 – 34; Wal-Mart's *Annual Report* (1994); Wal-Mart's *Annual Report* (2001) (ending January 31, 2001) at www.Wal-Mart.com; Walker, Richard (1985), "Kmart 1985 Profits Decline 56 Per Cent to $221 Million", *Business News* (August 19), Reuters.

⑧ValleyoftheDamned.com (2000), *Food Logistics* (November/December).

第二章

① Schultz, Don E., Stanley I. Tannenbaum, and Robert F. Lauterbom(1994), *The New Marketing Paradigm*, Chicago, IL: NTC Business Books; "Profiles of General Demographic Characteristics" (2001), *2000 Census of Population and Housing*, U.S. Department of Commerce(May).

②"Census 2000 Supplementary Survey Profile for United States" (2001), U.S. Census Bureau, www.census.gov, June 28; U.S. Bureau of Larbor Statistics, Bulletin 2307.

③"Profiles of General Demographic Characteristics" (2001), 2000 *Census of Population and Housing*, U.S. Department of Commerce (May); "Census 2000 Supplementary Survey Profile for United States" (2001), U.S. Census Bureau, www.cens-us.gov, June 28.

④Russell, Cheryl (1999), "The New Consumer Paradigm", *American Demographics* (April), pp.50 – 58.

⑤Russell, "The New Consumer Paradigm", pp. 50 – 58.

⑥"X Market's the Spot" (1995), *Discount Store News* 34(7) (April 3), p. 24; Miller, Cyndee (1995), "Retailers Do What They Must to Ring Up Sales", *Marketing News* 29(11) (May 22), pp. 1, 10 – 11; Mammarella, James (1995), "Choice and Image Key to Marketing X-cellence," *Discount Store News* 34(7) (April 3), p. 24.

⑦Russell, "The New Consumer Paradigm".

⑧Russell, "The New Consumer Paradigm".

⑨Miller, "Retailers Do What They Must".

⑩Spethman, Betsy (1997), "The Four O'Clock Dilemma: What's for Dinner?" *PROMO Magazine* (May), pp. 19 – 23.

⑪Brandl, Phillip (1999), "Capture New Customers", *Discount Merchandiser* 29(1) (January), p. 48; Miller, "Retailers Do What They Must to Ring Up Sales"; Schulz, David P. (1994), "Top 100 Retailers: The Definitive Ranking", *Stores* 76(7) (July), pp. 16 – 32; "Wal-Mart Looks Ahead" (1994), *Discount Merchandiser* 34(7) (July), p. 16.

⑫Kurt Salmon Associates, Inc. (1993), *Efficient Consumer Response: Enhancing Consumer Value in the Grocery Industry*, Washington, DC: Food Marketing Institute.

⑬"Trends in the United States: Consumer Attitudes and the Supermarket" (1995), Food Marketing Institute; "Trends in the United States: Consumer Attitudes and the Supermarket" (1997), Food Marketing Institute.

⑭Tigert, Douglas J. and Stephen J. Arnold (1994), "The Battle Continues: Target Greatlands and Wal-Mart Jump into Chicago", *Chain Store Age Executive* 7(8) (August), Section 3.

⑮Salmon, Walter J. (1996), "Retailing at the Millennium: How Changes in Consumer Buying Behavior Are Driving Concentration", *International Trends in Retailing*, Retail Distribution Group of Arthur Andersen and Andersen Consulting (June), pp. 41 – 51.

⑯Reagor, Catherine(2001), "Valley's New-Home Buyers Swayed by Service, Quality", *The Arizona Republic*(September 20), pp.D1, D2.

⑰www.newsdirectory.com(2001)(September 7).

第三章

①A number of books have been written that describe cultural differences and business practices, such as *Culture and Organizations: Software of the Mind by* Geert Hofstede(1996, New York: McGraw-Hill Companies); *Global Business: Planning for Sales and Negotiations by* Camille P. Schuster and Michael J. Copeland(1996, Fort Worth: Dryden Press); *Managing Cultural Differences* by Philip R. Harris and Robert T. Moran(1991, Houston: Gulf Publishing Company); and *Riding the Waves of Culture* by Fons Trompenaars and Charles Hampden-Turner (1998, New York: McGraw-Hill Companies).

②Jen, Danielle(2001), Presentation on Category Management at Arizona State University, East Morrison School of Agribusiness, February 22.

③Rose, Frank(1999), "Think Globally, Script Locally", *Fortune* (November 8), pp.157－160.

④Goodman, Allan(2000), "IIE Briefing: Winter 2000", Institute of International Education (February 24); Luhnow, David(2001), "Lower Tariffs, Retail Muscle Translate into Big Sales for Wal-Mart in Mexico", wjs.com, (August 31).

第四章

①Terbeek, Glen(1999), *Agentry Agenda: Selling Food in a Frictionless Marketplace*, Chesterfield, VA: The American Book Company.

②Mulholland, Sara(2001), "Survey Plots More or Less Successful Product Launches", *Supermarket News* (March 12), pp.35, 38.

③Tomkins, Richard(2001), "Baby-Boomers Eat Nutraceuticals to Fight Disease", *Financial Times*, Business.com(December 14).

④"Ohio State Becomes Home of Soy Bread"(2001), *The Cincinnati Enquirer*, http://enquirer.com/editions/2001/12/14/fin _ ohioz _ cCstate _ becomes.html(December 14).

⑤Harrison, C. Richard(2001), "Design to Order", *Machine Design* (November 22).

⑥Peppers, Don and Martha Rogers (1998), "Lessons from the Front", *Marketing Tools* (January/February), pp. 39 – 42.

⑦"Del Monte Buys Sunfresh" (2000), *Retail NewsBeat*, www.ideabeat.com (August 29); Forster, Julie (2001), "Food," *BusinessWeek* (January 8), p.129.

⑧"USA: General Mills to Offer Create-Your-Own Cereal Website" (2001), just.food.com (December 10).

⑨Landler, Mark (2001), "Hi, I' m in Bangalore (but I Dare Not Tell)", *The New York Times*, 222.nytimes.com (Ma-rch 21).

⑩Berry, John(2001), "Marketing Automation Gives CRM A Lift", *In Depth*, www.internetweek.com (March 20).

⑪Schwartz, Karen D. (2000), "Kraft Data Mining Transforms Marketing and Margins", *Consumer Goods Technology* (September), pp. 14 – 16.

⑫"Marketing to Segments of ONE: Growth Opportunity"(2001), *Company Spotlights*, www.ideabeat.com (June 12).

⑬Goldstein , Alan(2001), "'Old Economy' Firms Adapt to E-Business", *The Arizona Republic* (January 14), pp. D1, D13.

⑭Nelson, Emily (2001), "Too Many Choices", *The Wall Street Journal* (April 20), pp. B1, B4.

⑮Nelson, "Too Many Choices".

⑯Cortese, Amy (2001), "Masters of Innovation", *Business Week Online*, www.businessweek.com (March 23).

⑰Warren, Susan (2001), "'Smart' Fabrics Function Like Appliances: They Keep Track of Vital Signs, Hide Odor", *The Wall Street Journal*, http://interactive.wsj.com (August 10).

⑱Craven, Scott (2001), "That's 1 Smart Shirt (Literally)", *The Arizona Republic* (September 21), pp. E1, E3.

⑲McKay, Betsy (2000), "Pepsi Manages to Edge Past Coke by Capitalizing on Orange Juice", *The Wall Street Journal*, http://interactive.wsj.com (November 6).

⑳Welch, Jack (1998), *The GE Way*, New York: Robert Slater and McGraw-Hill.

㉑Cortese, "Masters of Innovation".

㉒"Procter & Gamble Tests Tide of Household Services" (2001), *Retail NewsBeat*, www.ideabeat.com (February 14).

第五章

①Kurt Salmon Associates (1993), *Efficient Consumer Response: Enhancing Consumer Value in the Grocery Industry*. Washington, DC: Food Marketing Institute.

②"Target Stores Adds Eddie Bauer" (2001), *Retail Merchandiser Online*, www.retailmerchandiser.com (January 22).

③Faircloth, Anne (1998), "The Best Retailer Your've Never Heard Of", *Fortune Online* (March 2).

④Regan, Keith (2002), "Online Grocery Biz Still a War of Attrition", www.EcommerceTimes.com (March 15).

⑤"Marketing to Segments of One: Customer Value" (2000), *Retail News*, www.ideabeat.com/conceptshopping.

⑥"Keeping Customers Is Smart and Profitable" (2000), *Business Week*, Special Advertising Section (July 3).

⑦Zwirin, Ed (2001), "Who's Mining the Data?" *Supermarket*

News (March 19), pp. 19 – 20.

⑧"Independents Take on Big Chains"(1998), *Progressive Grocer* (November), p. 13.

⑨"Report Says Customer Satisfaction Declining"(2001), *Supermarket News* (February 26), p. 47.

⑩www.ac.com/new/newsarchive/1.00/newsarchive_011000.html.

⑪Alaimo, Dan(2001), "Hy-Vee Shopping Carts Going Wireless", *Supermarket News* (May 14), pp. 23 – 25; Longhran, Stephanie(2001), "Some Little Things Pay Off in Shopper Loyalty", *Supermarket News* (April 2), p. 18.

⑫Kushner, David(1999), "Shock Village", *Village Voice* (November), pp. 3 – 9; Marriott, Michel(2000), "For Extra Cheese, Ctrl + Pizza", *The New York Times Online* (February 10).

⑬Kiernan, Patrick(2000), "Online Auction: Coming Soon to Your Industry?" *Grocery Headquarters* (March), pp. 64 – 68; Hardgrove, Amy (2000), "Savoring the Experience", *Grocery Headquarters* (March), p. 65.

⑭Graham, Alan(2001), "A Stroll Through the Apple Store", *O' Reilly Network*, www.oreillynet.com (June 12); "Inside the Apple Store"(2001), www.apple .com/retail/inside/html (September 30).

⑮Nannery, Matt(1999), "Braving New Worlds", *Chain Store Age* (September), pp. 69 – 78.

⑯"Wal-Mart Cuts Prices on Another 1, 000 Items in Germany" (2000), *Retail NewsBeat*, www.retailnewsbeat.com (August 29); "Wal-Mart Ordered to Stop Selling Below Cost in Germany"(2000), *Retail NewsBeat*, www.retailnewsbeat.com (September 11).

第六章

①Terbeek, Glen (1999), *The Agentry Agenda: Selling Food in a Fric-*

tionless Marketplace, Chesterfield, VA: The American Book Company.

②Zimmerman, Kim Ann(2001), "Beyond the Marketplace", *Food Logistics* (March 15), pp.17－20.

③Cortese, Amy(2001), "Masters of Innovation," *Business Week*, www.businessweek.com (March 23).

④Schwartz, Karen D. (2000), "The Importance of Brand Building on the Internet", *Consumer Goods Technology* (October), p.24.

⑤"The Internet—A Value-Added Opportunity" (2000), *Food Logistics* (November/December), p.40.

⑥Loudin, Amanda (2001), "Online Traffic Jam", *Food Logistics* (April 15), pp.34－36.

⑦Loudin, "Online Traffic Jam".

⑧"Kroger to Tap Online Perishables Partnership by Spring" (2000), *Retail NewsBeat*, www.ideabeat.com (October 18).

⑨"But...How Will the World Wide Retail Exchange, the Industry's Largest So Far, Fit into This?" (2001), *Retail NewsBeat*, www.ideabeat.com (January 9), p.3.

第七章

①Stam, Nick(1999), "Moore's Law Will Continue to Drive Computing". *PC Mogazine* (May 22), also at http://www.zd-net.com/pcmag/features/future/moore01html.

②Joachim, David and Chuck Moozakis(2001), "Can Covisint Find Its Way?" www.internetweek.com (September 17); Lawton, George (2000), "Hygard Stitches Knowleddge into Business Processes", *Consumer Goods Technology* (October), pp. 11－12.

③Newburger, Eric C. (2001), "Home Computers and Internet Use in the United States: August 2000", *Current Population Reports* (September).

④"Numbering Cyberspace"(2001), ITU Telecommunication Indicator Update(January/February/March).

⑤"New Initiatives Enable the New Economy"(2000), *Consumer Goods Technology*, Supplement(October).

⑥ Greengard, Samuel (2001), "Making Contact", *IQ Magazine* (Summer), pp. 74 – 79.

⑦Heubusch, Kevin(1998), "Welcome to the Machine", *Marketing Tools* (January/February), pp. 44 – 49.

⑧Gomez Associates Study (2001), *Supermarket News* (April 2).

⑨Perotta, Peter(2001), "Schnuck Anticipates Chainwide SBT Rollout", *Supermarket News* (January 8), pp. 18 – 23.

⑩EMS ad (2001), in *The Wall Street Journal* (March 15).

⑪Robinson, Alan(2001), "For 3PLs, the Jury Is Still Out on Exchanges", *Food Logistics* (January/February), pp. 44 – 46.

⑫"Sync or Swim: Conducting Business Online"(2001), IdeaBeat's Company Spotlights, www.ideabeat.com (August 29); Schneider, Maria (2001), Presentation to MBA Class at Xavier University(March).

⑬"Kraft, Shaw's Successfully Synchronize Product Data"(2001), *Food Logistics* (April 15).

⑭Alaimo, Dan(2001), "Landmark E-Commerce Standards Will Be Released", *Supermarket News* (June 11), pp. 17 – 18; Drayer, Ralph (2001), Presentation to Executive MBA Class, Williams College of Business, Xavier University(April 20); Karolefsky, John(2001), "Collaborating Across the Supply Chain", *Food Logistics and Retailtech*, Supplement(Fall), pp. 24 – 34.

⑮ Karpinski, Richard (2002), "Travel Group Delivers Industry XML Standards", www.internetweek.com (February 26).

⑯"Numbering Cyberspace"(2001), ITU Telecommunication Indicators Update(January/February/March).

⑰Bartlar, Dennis(2001), "Global Village", www.line56.com (August 15); Williams, Frances(2001), "Chinese Tipped a Main Language of Web by 2007", Ft.com (December 6).

⑱Fleischer, Jo (2001), "Companies Urged to Scrap Legacy Systems", *Supermarket News* (April 2), p.39.

⑲Schwartz, Karen D. (2000), "Merging ERP with E-Business at Mott's", *Consumer Goods Technology* (September), p.7.

⑳ Morphy, Erika (2001), "CRM: Feeling the Pain", www.crmdaily.com (September 20); "CRM: Keeping Customers Loyal" (2000), *Business Week*, Special Advertising Section(July 3); "*Tried & True* Beats Out *New Econmomy* Tools by 2 : 1"/(2001.Bain and Company's Eighth Annual "Management Tools" Survey, www.bain.com (June 13).

㉑Vaas, Lisa(2002), "Cutting the Fat from CRM Implementation", eWeek, 19(2)(January 14); Boyd, Jade, Ted Kemp, and Margie Senniloff (2001), "IT Says No to CRM Integration", www.internetweek.com (November 12).

㉒Lawton, George(2000), "Hygard Stitches Knowledge into Business Processes", *Consumer Goods Technology* (October), pp.11-12.

㉓ Prencipe, Loretta W. (2001), "Taking Stock with P&G", www.infoworl.com (November 20).

㉔ "*Tried & True* Beats Out *New Economy* Tools by 2 : 1" (2001), Bain and Company's Eighth Annual "Management Tools" Survey, bain.com (June 13).

第八章

①These six factors are part of an Organization Performance Model presented in Hanna, Dave (1998), *Designing Organizations for High Performance*, Boston, MA: Addison-Wesley.

②Purdum, Mike(Director of Retail Operations)(2001), Presentation to Williams College of Business MBA Class at Xavier University(April).

③ Maselli, Jennifer (2001). "People Problems", Informationweek.com, July 9.

④Ibid.

⑤Ibid.

⑥Ibid.

⑦Ibid.

⑧"Johnson & Johnson's Integrated CRM Initiatives", *Consumer Goods Technology*, Supplement(April 2001), pp. 19－20.

⑨Gorman, Cleve, Vice President of Strategic Planning at The Kroger Co. (1996, 1997) and Mike Purdum, (2001), Presentations to Williams College of Business MBA Students at Xavier University.

⑩"Finding the True Value of Cost Benefits" (2001), *Food Logistics and Retail Tech*, Supplement, p.22; Purdum, Mike (Director of Retail Operations) (2001), Presentation to Williams College of Business MBA Class at Xavier University (April); Gorman, Cleve, Vice President of Strategic Planning at The Kroger Co. (1996, 1997), Presentations to Williams College of Business MBA Students at Xavier University.

⑪Maselli, "People Problems".

第九章

① Schwartz, Karen D. (2001), *1to1 Magazine* (October), pp. 45－49.

②Thompson, Toria(2001), "Data Puzzle", *1to1 Magazine* (July, August), pp.47－50.

③Downey, Bryant(2001), Presentation to Williams College of Business Administration MBA Class at Xavier University(April); "Executive Summary" (2001), *Consumer Goods Technology*, Supplement(April), pp.4－7; "Future of CRM" (2000), *Business Week* (July 3).

④"Inventory to Visibility to Cut Inventories, Boost Customers Services" (2001), *Consumer Goods Technology*, Logistics Supplement, pp.18－19.

⑤Lawton, George(2001), "Nygard Stitches Knowledge into Business Processes", *Consumer Goods Technology* (October), pp.11－12.

⑥Andraski, Joseph C. (2001), "Progress and Opportunity", *Food Logistics and Retailtech* (Fall), pp.6, 8－9.

⑦Kioa, Kristen and Mariko Zapf (2001), "NAPM/Forrester Research Announce Results of Latest Report on eBusiness", www.napm.org/NAPMReport/Forrester (October 16).

⑧Kurt Salmon Associates, Inc. (1993), *Efficient Consumer Response: Enhancing Consumer Value in the Grocery Industry, Washington, DC: Food Marketing Institute*.

⑨Zimmerman, Kim Ann (2000), "*Within Reach*", *Food Logistics* (November/December), pp.24－26; "The Culture of Collaboration—Part One" (2001), www.ideabeat.com (August 8).

⑩Joachim, David and Chuck Moozakis (2001), "Can Covisint Find Its Way?" Internetweek.com (September 17).

⑪"Up the Down Supply Chain" (2001), *Marketing News* (September 10), p.3.

⑫Ericson, Jim (2001), "Measuring Supplier Performance", line56.com (September 27).

⑬Ericson, Jim (2001), "Measuring Supplier Performance", line56.com (September 26).

⑭Kurt Salmon Associates, *Efficient Consumer Response*.

⑮Karolefsky, John(2001), "Turning Chaos into Order", *Food Logistics and Retalltech* (Fall), p.30.

⑯Peck, Michael (2001), "CPFR: It Takes 2", *Consumer Goods Technology* (February), pp.9－10.

⑰Andraski, Joseph C. (2001), "Progress and Opportunity", *Food Logistics and Retalltech* (Fall), pp.6, 8－9.

⑱Peck,“CPFR:It Takes 2”.

⑲“Inventory Visibility to Cut Inventories,Boost Customer Service”(2001), *Consumer Goods Technology*, Logistics Supplement(May), pp.18－20.

第十章

①“Bob Miller”(2001), *MMR* (September 17),p.31.

②Trottman, Melanie(2001), *The Wall Street Journal* (October 11),p.1.

③Terbeek,Glen(1999), *The Agentry Agenda:Selling Food in a Frictionless Marketplace*. Chesterfield,VA:The American Book Company.

④ Doherty, Katherine(1996),“Golden Cat in‘Pilot’Seat”, *U.S.Distribution Journal* (May 15),p.10.

⑤ Seybold, Patricia B., Ronni T.Marshak, and Jeffrey M.Lewis (2001), *The Customer Revolution*, New York:Crown Business.

⑥Terbeek, *The Agentry Agenda*.

⑦Perrotta,Peter(2001),“Giant Eagle Starts Private Exchange”, *Supermarket News* (June 4),p.45.

⑧Seybold and Lewis, *The Customer Revolution*.

⑨Terbeek, *The Agentry Agenda* .

⑩Ewing,Jack(2000),“Siemens Climbs Back”(Int'l Edition), www.businessweek.com (June 5).

⑪Seybold and Lewis, *The Customer Revolution*.

⑫“Case Study:From Brochureware to Global eMarketing—Otis Elevator Revamps Its Site to Grow Sales and Save Costs”, us.f205.mail.yahoo.com (September 25).

⑨Peck, "CPFR [illegible] Takes 2."

⑥Lebhar, *The Amway Agenda*.

⑨Lebhar, *The Amway Agenda*.

